U0076683

漢風潮流誌

古人很潮 編著

瑞昇文化

千年華裳

當戶理淒涼

燕趙多佳人，

戰國

柳眉梢金墜

曲

搖弄

閒

頭上倭墮髻

紫綺為

魏◆晉

風吹仙袂飄颻舉

梨花一枝春帶雨

初◆唐

盛◆唐

月下逢

雲想衣裳想

乍試夾衫金縷縫，山枕斜欹

沈沈

獨抱濃愁無好夢，夜闌猶剪

宋朝

西方有佳人，皎若白日光。

宋◆朝

風柔日薄春猶早，夾衫乍著心情好。

科普撰寫：梅雪無名

考據／編校：梅雪無名／無劫緣／酸菜春筍

插圖繪製：南山歸魚　小夏　三兩聲　魚泡　擷芳主人

目錄

穿　越

華 ◆ 夏

HUA XIA PIAN CHUAN YUE ZHI NAN

華夏穿越指南

　　想必你一定很疑惑，你只是不小心買了一本書而已，怎麼突然被強行召喚進了這個空間？

　　偷偷告訴你，你即將進入的，是一個名為「華夏」的絢麗世界。

　　服章之美謂之華，禮儀之大謂之夏。

　　華夏是衣冠古國、禮儀大邦。萬國來朝，為它的風姿而傾倒。

　　華夏的歷史源遠流長，服飾更是精絕無雙。

隨著時間的流逝，華夏的服裝逐漸有了一個響亮

的名字——「漢服」。

　　在很長一段時間裡，漢服被人們遺忘，被拋到了腦後。又過了很長時間，人們從歷史的片段中找到它，並驚歎於它的美。

　　你身上穿的，可能就是這麼一件凝結了千年時光的漢服。你看著它，腦子裡生出許多疑問，歷史上真的有這種形制的衣服嗎？

　　古代小姐姐喜歡穿哪種款式？

　　你的疑問，在這個世界裡都會有解答。

　　如果進入了這次漢服之旅，你會穿越千年，回到令你魂牽夢繞的時代，觀賞古代時尚的模特大Show。

指 南

你將追隨辛追夫人①的步伐，一睹最輕襌衣 —— 素紗襌衣的風采；

你將回到華冠麗服的唐朝，看楊貴妃舞動她絢麗的石榴裙；

你將和李清照一起，挑選去燈會遊玩的衣服，嬉笑著陪她邂逅趙明誠。

你會發現，那個時候的少女的生活一點兒都不單調，打開她們的髮簪百寶箱，個個都是 Vogue 精品。

除了令人眼花撩亂的服飾之外，你還將來到古代小姐姐們的妝容頻道，她們將告訴你各種美妝小 tips，讓你更加美美美。

另外，【漢風潮流頻道】新晉上線，玩轉漢服的 108 種穿搭方法，已經為你準備好。

這裡是綺羅珠履的華裳九州，這是海納百川的中國精神。

穿越報名處

請在這裡簽上你的名字，開啟我們的冒險吧！

①另說為「避夫人」。

Han
Feng
Ni
Chang

漢風霓裳

漢—魏晉南北朝

第一章

歡迎來到【漢風霓裳】服飾頻道。

漢朝人民是不是穿的和電視劇裡的人一樣樸素？

辛追夫人的素紗襌衣到底長什麼樣？

古代也有「女裝大佬」嗎？

竹林七賢裡的名士們都穿些什麼？

你想知道的一切，這裡都有！

穿衣層次

上半身

1 單襦
2 襦
3 襌衣

下半身

4 褌（ㄎㄨㄣ）
5 袴（ㄎㄨˋ）
6 裙

襦

UP 主辛追（避）夫人

在我們西漢早期，衣物基本繼承自先秦時期，戰國時期流行的直裾式曳地長衣，到了西漢，貼身穿的便成了曲裾式汗襦，比如我的睡衣就是一件曲裾式的汗襦。

你可能會覺得有些奇怪，汗衫去哪裡了？

不好意思，我生活的時代和你們想像中不同，後面朝代流行的貼身汗衫（衫子）還沒有出現，我們穿的貼身衣物叫汗襦，單層時，稱為單襦；當有夾層時，稱為袷襦；填充絲綿時，則稱為複襦。

曲裾長襦和素紗襌衣，都是我愛不釋手的單品，之後有機會會跟大家詳細介紹！

曲裾長襦

無劫緣考據小 tips

● ● ●

　　襦是不過膝蓋的衣物，長於膝蓋的襦是長襦。襦之下可以襯褲子，也可以襯裙子。但由於長襦的流行，一般很難見到這類畫像資料，因為它們都被長長的上衣遮住了。

Han Dynasty

直裾長襦

曲裾

VS

直裾

與人見人愛的曲裾（ㄐㄩ丶）長襦一樣，西漢還有一種直裾式的汗襦也廣受歡迎。直裾下擺部分為垂直剪裁，上身後呈現出一種優雅的魚尾形態。

劃重點　　　*HUA ZHONG DIAN*　　　謹記這個考點

直裾與曲裾都並非形制的名字，指的只是衣裾的樣式，所以你們會看到直裾袍、直裾襌衣、直裾長襦等不同的衣服名字。

衣

直裾長襦＋素紗衣

「衣」可以理解成我們今天的外套，是秦漢時期小姐姐們愛不釋手的百搭單品。它是先秦深衣的延續，分裁制，分為直裾式、曲裾式兩類。

該類衣物單層時稱為襌衣，有夾層時稱為袷（ㄐㄧㄚˊ）衣，填充絲綿時稱為複衣。長沙馬王堆出土的著名的「西漢直裾素紗襌衣」便是一件由紗製成的薄如蟬翼的時尚單品，它的重量只有49克。

敲黑板　　*QIAO HEI BAN*　　謹記和這個考點

「衣」的袖子窄而通袖① 短，能露出裡層的襦。其中曲裾式可纏繞多層，出現壁畫中層層疊疊的纏繞效果。

西漢出土的直裾素紗衣

①通袖：泛指中國傳統服飾中的長袖款式，也指衣服平鋪後，左袖口到右袖口距離。

素紗禪衣一生推

文\狸花喵子

作為一個吃瓜把自己吃死的貴婦，辛追一定相當鬱悶。

當年，劉邦建立西漢，曾經分封了八個異姓王。可是西漢疆土遼闊，異姓王待在天高皇帝遠的封地，各據一方悶聲發大財，漸漸有了與中央對抗的能力。

沒多久，老劉就把七個異姓諸侯王逐一剪除了，就連建國第一功臣楚王韓信都沒有放過。

唯一的倖存者，是長沙王吳芮。當時的長沙國跟南越國（今廣州）毗鄰，劉邦雖然心癢癢想削藩，又怕一動手就會逼得長沙王投靠南越。

怎麼辦呢？餡餅從天外飛來，掉在了

辛追的丈夫利蒼頭上。

老劉決定給利蒼加官進爵，派他前去監督長沙王。

利蒼就這樣空降成了長沙國的丞相。

貴為丞相夫人的辛追，也算是當時女性中的人生贏家了吧。

倒霉的是，差不多30歲的時候，辛追就開始了守寡生涯，不僅中年喪夫，還晚年喪子。兒子去世5年後，50歲左右的丞相夫人走到了自己的人生盡頭。

時逾兩千多年，湖南長沙的馬王堆古墓在1972年被打開。巨大的棺槨中，辛追形體完整，全身潤澤，還有著完整的皮膚。不僅毛髮尚在，手指和腳趾紋路清晰，甚至連肌肉都尚有彈性，部分關節還可以活動。

千年女屍重見天日，生前體內的秘密在解剖官的刀下一覽無餘。她的食道裡有食物殘渣，小腸裡還有138顆半甜瓜籽。

不管怎麼說，辛追奶奶生前吃甜瓜，居然不吐籽，也不咀嚼，就把這一百多顆甜瓜籽生吞了下去，這瓜吃得未免太兇猛了一點。

這位酷愛吃瓜的女士，就是素紗禪衣的主人。

「這個字，百分之九十的人都念錯了！轉到你的社群，朋友都會感激你！」

這裡說的，是素紗禪衣的「禪」字。

也許有人要問了：不就是坐禪的「禪」麼？不就是大名鼎鼎的「素紗禪衣」麼？

搖手指。

《佛學大辭典・禪衣》告訴我們，禪衣指的是禪僧所著之衣、禪家特殊之衣，是一個佛學專用詞匯。

禪，念作ㄉㄢ，同「單」。它是一個獨立的漢字。

《釋名・釋衣服》裡則說：「禪衣，言無裡也。」

一句話，所謂的禪衣，就是輕薄無內襯的單衣。

白居易在《寄生衣與微之》中這麼寫：「淺色縠衫輕似霧，紡花紗袴薄於雲。莫嫌輕薄但知著，猶恐通州熱殺君。」

這也太誇張了。什麼樣的絲織品，可以縹緲如霧、輕薄若雲？不過，藝術作品嘛，誇張一點博眼球，也可以理解。直到素紗襌衣出現在世人面前，我們才知道，老白誠不我欺。

只怪我們見識少，沒有見過這麼輕薄的衣服。

從衣領到下擺，衣長1.28米；袖子展開從左到右，竟然長達1.9米；除此之外，在領口和袖口還鑲著厚厚的絨圈錦。

即便如此，這兩件寬袍大袖的衣服一件只有49克，另一件只有48克。還不到一兩重！折疊後，這件不盈一握的衣服可以放入一個小小的火柴盒裡。

那麼問題來了：這麼輕薄透明的衣裳，既不保暖，也不遮羞，辛追奶奶當年是怎麼穿的呢？

於是很多學者推斷，素紗襌衣是一件外衣。

身為丞相夫人，辛追在衣服的最外面罩上這麼一件薄如蟬翼的透明襌衣，不僅可以遮擋外界的塵土，又能讓裡面美豔的錦衣紋樣若隱若現，可以說是兩千年前的「心機裝」了。

從辛追的墓葬中，一共出土了一百多件絲織品和衣物，絲綢、刺繡、織錦應有盡有，包括各式各樣的袍子、衣服、鞋子，甚至連手套和襪子都不缺。

但是，即使在辛追奶奶這麼琳琅滿目的衣帽間裡，素紗襌衣依然是最叫人目瞪口呆的一件。

因為它實在是太輕太輕了。

在絲織學上，有一個叫作「旦」的計量單位。旦數越小，纖維就越纖細。現代的高級絲織物喬其紗，纖度是14旦，而素紗襌衣的纖度，居然只有10.5至11.3旦，而絲的直徑只有成年人頭髮直徑的十五分之一。

現代工藝做成的素紗襌衣複製品，竟然比原版還重。

兩千多年前的人，到底是從哪裡找到如此纖細的蠶絲呢？

請不要忘記時間的力量。紡織工藝早已不是兩千多年前的紡織工藝。蠶寶寶難道還會是兩千多年前的蠶寶寶嗎？

時光回溯，在西漢時期，人們所飼養的蠶品，並不是現在我們看到的那種白白胖胖的家蠶，而是三眠蠶。

如今，家蠶一生要休眠四次，蛻四次皮，所以被稱為四眠蠶。

而在西漢的時候，蠶的一生休眠三次，脫三次皮。別看牠比起四眠蠶只少了一個眠期，但牠的體重可就得輕多了。三眠蠶只有一克多重，要四五條加在一起才約等於一條四眠蠶的重量。

三眠蠶的身體小，口腔小，吐絲孔也小，吐出來的蠶絲纖度自然不是一般地細，使用這種絲做成的絲織品，也就高度透光、極其輕巧了。

說了半天，既然三眠蠶這麼好，人類為什麼要轉而培育四眠蠶呢？

事實上，四眠蠶產量高、絲質優。只是，牠更容易得病，所以養殖四眠蠶是需要一定的技術含量的。四眠蠶正式取代三眠蠶，才是中國絲織業重大進步的標誌。

這個標誌的時間節點大約在北宋，也就是從那時候起，中國的蠶業中心南移了。今人說起絲綢，首先想到蘇杭，就是這個道理。

織造一件精美絕倫的國寶，是需要無數人付出智慧、經驗和勞力的。

與石器這樣可能是在偶然中被製造出來的文明標誌物不同，絲織品成型的每一步都需要精密的工藝。

通過對絲纖維種類的鑑別，素紗襌衣的纖維原料被確認為家蠶絲。這告訴我們，西漢人已經在養殖蠶、種植桑了。

纖細均勻的三眠蠶絲，向我們述說著那時出色的繅絲技術。

輕薄透明的素紗，又體現了那時紡織機杼的高超水平。

辛追奶奶的素紗襌衣，與其說是一件衣服，不如說是西漢初期種植業、畜牧業、機械製造業、輕紡工業的結晶，是以上所有內容和審美藝術結合而成的大禮包。

還有什麼，比這樣一份大禮包更能體現一個時代的文明程度呢？

文 / 瑤華

西漢紋樣頻道

UP 主辛追（避）夫人

主持人：各位老朋友！隆重歡迎來自兩千多年前的長沙國的嘉賓光臨本直播間，為我們做西漢時期的美學主題直播！她就是長沙國丞相夫人，讓我們親切地稱呼她為辛追娭毑（ㄞ ㄐㄧㄝˇ 奶奶），禮物刷一波……娭毑您拿的是口罩嗎？

辛追：我拿的是紺綺信期繡熏囊。就是用黑紅色的綺羅做成、鑲著素絹邊的香囊。我們楚地氣候潮濕，容易生疫病，多聞聞香草的香氣，提神醒腦。這個呢，是深黃絹地信期繡夾袱，用來包裹東西的。

主持人：到底什麼是信期繡呢？我們一起來看一下，這個紋樣圖案似乎比較小，用到的顏色卻不少，有朱紅、深綠、棕色……看上去像是捲曲的雲朵，又像有葉子的圖案，但好像還有一隻長尾巴的小鳥？

辛追：說對了，信期繡除了流雲和卷枝花草紋樣，最重要的主題是燕子。每一個小花紋基本都是這樣組成的，上面是一朵棕色或絳色的流雲，下面是用朱紅、深綠、黃絳等不同顏色繡成的燕子，周圍圍繞著深綠色間雜朱紅色的花草葉蔓。「信期」是因為燕子年年南遷北歸，恪守信約，所以用「信期」代稱。燕子飛到堂下築巢，養育小燕子，也寓意人丁興旺、子孫滿堂。

主持人：這麼一說還真像，小燕子的「S」型造型有著很強的流動感，它昂頭挺胸，長長的尾翼與花草祥雲自然融合，像是立在陽春三月的花枝上，又像是在春日的雲間飛舞，讓人想起「微風燕子斜」的詩句。這麼看，西漢時期的人是真的很喜歡祥雲的意象啊！

辛追：是啊，還有一種紋樣叫「乘雲繡」，在絹、綺上繡出漫天飛卷的流雲，還有在雲中露出頭的鳳凰、仙鶴、爰（ㄩㄢˊ）居。

本文圖片均來自於湖南省博物館

主持人：鳳凰和仙鶴我們都知道是吉祥鳥，爰居是什麼呢？

辛追：爰居是一種善於飛翔、形似鳳鳥的鳥，生活在海上，能夠預知大風、及時避險，所以這種鳥的花紋有避災驅邪的吉祥寓意。

主持人：哇，乘雲繡的色彩真是絢麗奪目，有朱紅色、深綠色、金黃色，而且特別有韻律感。比起小巧精緻的信期繡，顯得更加大氣。

辛追：其實，最大氣的要數長壽繡。它是由一組組穗狀的雲紋組成的紋樣，乍一看像是捲曲的雲紋和枝葉結合在一起，仔細看還能發現有鳳鳥、龍在雲中若隱若現，還有茱萸枝葉交織其中，代表消災辟邪。

主持人：哇，長壽繡確實有一種大氣磅礡的感覺，每一個紋樣幾乎是信期繡紋樣的三倍那麼大。我們看到的幾種紋樣都和雲有關，最後娭毑能給我們講一下為什麼西漢時期的人這麼喜歡雲紋嗎？

辛追：因為天上的雲霞瞬息萬變，升騰繚繞，我們認為天界神仙、龍鳳都是乘祥雲在天上自由來去，所以雲就被看作連絡人間和天界的物體，化用在服飾上就變

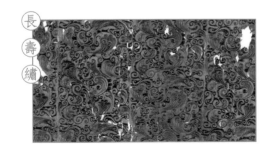

長壽繡

成了雲紋，體現出大家成仙不老的渴望。

　　除了衣服，我們的日用品上也常常使用雲紋，比如用來盥洗的雲龍紋大漆盤，用來盛酒的雲鳥紋漆鈁（ㄈㄤ）。風起雲湧中龍的鬚角和麟爪、鳥的雙翼和尾部與雲紋相連相生，也符合「天地之合和，陰陽之陶化萬物，皆乘人氣者也①」的道家思想。

　　主持人：感謝辛追娭馳的講解！下次我們有機會再聊！

雲龍紋大漆盤

雲鳥紋漆鈁

① 出於《淮南子・本經訓》。

裙

up主

趙飛燕

　　我一直記得，跳舞時的那種感覺，彷彿自己飛到了天上。

　　我出生於平民之家，小時候並沒有任何特殊的地方。後來進宮當了宮女，我的人生就停留在了一首首樂曲裡。我跟著陽阿公主學舞，又因為舞藝精湛，被皇上看上，為他跳了一次又一次。

　　有一天，我穿了一件雲英紫裙來到太液池邊，想再跳一曲舞。絲竹鼓樂響起，我正跟著樂曲翩翩起舞，突然間狂風大作，我本來就生得嬌小玲瓏，差一點兒被這狂風吹倒。這時候宮女趕緊過來抓住我的裙子，甚至將裙子抓出了褶皺。

　　沒想到的是，有褶皺的裙子穿起來更好看了，從此這種帶有褶皺的裙子風靡一

時，被稱為「留仙裙」。

這事當然只是筆記小說裡的杜撰，在我生活的時代，最流行的裙子是交
襜（ㄩˊ）裙，這是一種由直角梯形拼接而成的裙子，顯瘦顯腰，廣受大家
的歡迎。

我經常穿著它翩翩起舞，每次跳舞的時候，都感覺自己要飛到天上。

如果你穿越來到西漢，不妨也穿上這款裙子，跟著我一起跳舞吧。

交
襜
裙

敲黑板　*QIAO HEI BAN*　謹記這個考點

這一時期的裙子採用「交襜（ㄩˊ）」的製作手法，推測是將方布裁剪為直角
梯形，再重新拼接為一條上窄下寬的裙子，上身後如A型裙。比較有代表性裙子
是馬王堆辛追夫人衣櫃裡的絹裙。

東漢—魏晉篇

穿衣層次

上半身

1
方衣／襦襠
（襦襠本為內衣，後流行外穿）

2
衫
3
襦
4
半袖

5
褌
6
袴
7
裙
8
蔽膝

下半身

方 衣 ╳ 襦 襠

東漢到魏晉時期，女子的衣物形制一脈相承，也有一些發展創新。

「方衣」一詞目前只在衣物疏裡面看到過，根據層次推測是女子內衣，具體長什麼樣不清楚。襦襠則有花海畢家灘的出土文物證實，因為其一當胸、其一當背，所以稱為襦襠，男女都可以穿。本為內衣，後流行外穿。

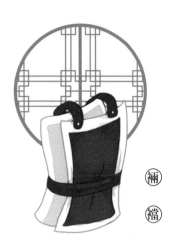

襦襠

 衫　THE GUIDE TO TRAVEL

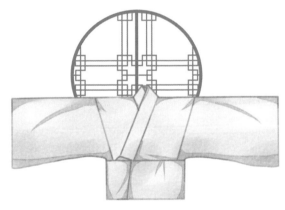

用又百搭，是無裝飾、無花紋、無袖口緣邊的「三無」衣服。值得注意的是，這時期的很多衫是有「腰襴」的。

衫，大多指的是穿在第一層的貼身衣服。東漢到魏晉時期的衫多半是白色的，領型可以是曲領，也可以是直領大襟或對襟。簡單來說，這時候的衫就是最普通的「打底衫」，作為內搭實

敲 黑 板

● ● ●

不同時代的衫，所指稱的衣物樣貌可能都相去甚遠，在用這個詞的時候，需要明確到具體時代，才不會混淆。

襦

間色裙

『襦』襦有腰襴，不開衩，可以直接外穿。

有裝飾的腰襴可以異色。

『間色裙』裙子為直角梯形裁片拼接而成。

　　襦是短衣的泛稱，套在「衫」外。如果我們穿越回魏晉時代，會發現這時的襦和衫一樣，很多也是有腰襴的。

　　襦可厚可薄，是一年四季的必備單品。冬天時穿上帶夾絮的襦，保暖程度不亞於我們今天的小棉襖。夏天天氣太熱，穿上單層的「襌襦」就可以。還有一種雙層沒有納絮的襦，叫做「袷襦」，適合春秋時節穿。

　　看到這裡你可能會有些疑惑，那些帶腰襴的衣服到底該怎麼穿？

　　答案是——隨便你。

　　腰襴既可以放出來也可以塞到裙子裡面去，前者流行於東吳孫休時期，後者流行於晉武帝司馬炎泰始初年，掌握好腰襴的穿搭方法，你就能成為當時的時尚女孩。

晉襦考古頻道 *Archaeology Channel*

修復後的紫纈襦

甘肅花海畢家灘墓出土

2006年，考古人員在玉門鎮附近的沙漠戈壁灘中發現了一座古墓群——花海畢家灘墓。這些古墓共有55座，都是小型的豎穴單人土坑墓，墓中出土了一些木器、陶器、銅器以及絲織品，和那些沒有文字記載的墓不同，花海畢家灘墓中還附有「衣物疏」，再加上戈壁灘上得天獨厚的乾燥環境，讓這些衣物疏簡牘跟著墓中織物一起保留了下來，於是這份千年前的古人隨葬清單就來到了我們面前。

從衣物疏記載的年份中我們發現，墓主人們最早入土於公元358年，最晚入土於公元430年，墓主人們生活的時代大致在魏晉十六國時期的前涼。

西晉的永嘉之亂爆發之後，中原戰亂不休，形成了五胡十六國的混亂局面。而前涼便是盤踞在西北地區的一股勢力。

前涼的勢力範圍雖然在偏遠的西北，但是統治者都是漢人，深受漢文化的影響，花海畢家灘墓的木棺內側，甚至還有伏羲、女媧的圖畫。

那麼，這群住在畢家灘附近的前涼人，到底是什麼身份呢？

遺憾的是，現在我們還不知道。不過從墓葬的規模以及較少的出土物來看，墓主人的生活似乎並不富裕。其中最為重要的26號墓，從衣物疏中我們得知墓主人是「大女孫狗女」，死於公元377年，墓中出土了9件服飾，紫纈（ㄒㄧㄝˊ）襦及緋碧裙就是出土於此。

紫纈襦在修復前殘存兩片，就殘存跡象看，此襦應為右衽、大襟腰襦，袖口

較寬。比較特別的是，紫纈襦衣物兩肩有上有異色的嵌條，是裝飾用的。

　　另一件緋碧裙在修復前殘片由三個裁片拼成，含有腰部及其他部分裙身。從尺寸推測來看，它可能是緋碧雙色的四片或六片式裙子。用現代的儀器檢測後發現，裙子的紅色部分是由茜草染成的，藍色部分則是靛青染料。

　　這可能是墓主人生前非常喜愛的一套衣服，最終跟隨著主人一起長眠千年，成為我們瞭解魏晉服飾的一面鏡子。

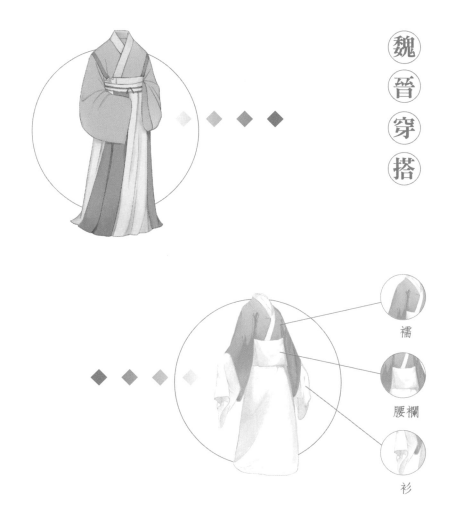

魏晉穿搭

襦

腰襴

衫

緣裙

半袖

半袖 甜系女孩穿搭

甜系女孩，選它！

半袖是上身從裡往外數第三層的衣物，形制和襦差不多，但是袖子只有襦袖的一半長短，袖口還施加了緣飾。可鹽可甜的穿搭單品，就是它了！

半袖搭配襦裙演化到唐代，便成了我們熟悉的宮廷時尚常服。

它在漢地目前沒有文物出土，但有樓蘭 LE 古城出土的東漢時期半袖衣物輔證，從壁畫中我們推測，半袖通常被穿在長袖衣物之外。

無劫緣考據小 tips

《釋名·釋衣服》中記載：「半袖，其袂半，襦而施袖也。」在衣物疏中也有「故紫綾半裕　領」的記載，這個半裕可能就是半袖。

文/清月夜

收腰顯瘦，我跳起舞來比誰都好看

THE GUIDE TO TRAVEL

　　把時針撥回2003年，在樓蘭古城遺址的東北部，考古研究所的人員發現了一座壁畫墓。

　　這座壁畫墓現在被稱為 LE壁畫墓，墓葬被盜掘嚴重，但仍有許多有價值的文物留存，除了那些記錄了墓主人生活的壁畫外，還出土了一件形制奇特的半袖。

　　通常來說在形制上，半袖一般袖長及肘，身長及腰，它的作用就相當於咱們現在的小馬甲，套在中衣外面，大方保暖，可鹽可甜。對漢服形制來說，半袖是一個相當重要的族群。

　　那這座 LE壁畫墓中出土的半袖到底有什麼特別的呢？到目前為止，除了在成都出土的半袖陶俑之外，尚未見到與此形制相似的實物，專家們根據發掘地的歷史文化及墓葬中的壁畫推測，這件半袖的的形制應該是樓蘭的民族特色衣飾，大家甚至給它起了個好聽的名字，叫「半袖綺衣」。

樓蘭 LE 西北壁畫墓出土半袖衫 魏晉南北朝

　　半袖綺衣是一件交領右衽的半袖衫，藍綺為身，紅絹為袖，袖型呈喇叭狀，帶有大量細密精美的褶襉。

　　而它最具特色也是最心機的地方，在於腰間和下裳門襟處的帶狀裝飾。

　　這件半袖綺衣，在腰側左右各縫有一條帶子，左側白緣嵌棕，右側白緣嵌紅，你看那時候的樓蘭美女還懂撞色與明暗，做足了視覺效果。

　　而下裳處的四條帶子顏色上則樸實一些，全部為白緣嵌紅，但是這四條帶子在出土時，打成了精緻優美的花結，這兩對花結帶和腰間的繫帶一起凸顯出完美的腰腹曲線，再加上明麗大膽的色彩，穿在少女身上，怎麼可能不讓人眼前一亮？

　　所以說美人之所以是美人，容貌基因很重要，著裝也很重要。

　　那麼擁有這件半袖綺衣的美人究竟是誰呢？根據專家推測，LE壁畫墓是魏晉南北朝時期的墓葬，但關於墓主人的說法學術界各執一詞，有人說這是鄯善王國的貴族合葬墓，也有人說這是絲綢商道上的粟特人墓葬。

　　無論哪種說法，墓主人下葬時，樓蘭仍然存在，還未成為人們心目中神秘而綺麗的傳說。絲綢之路上商賈往來，熱鬧喧紛。而到了夜裡，大漠月圓，英俊的小夥與美麗的姑娘在篝火前喝酒吃肉，載歌載舞，也許其中最美麗的那位美人就穿著一件這樣的半袖。她長髮飛揚，眼眸明亮，銀色的月色下映著的藍與紅，是大漠中最明麗的色彩。

半袖綺衣，樓蘭綺夢。

而樓蘭古國消亡的原因，我們至今未曾知曉。有人說是因為瘟疫，有人說是因為水源，有人說是因為兵禍，有人說是因為蟲災……總之在幾百年後，有個叫法顯的和尚西行取經，途徑張掖、敦煌，西出渡沙河，來到了樓蘭。

那時候的樓蘭是什麼樣子的呢？

法顯在他的《佛國記》裡說：「上無飛鳥，下無走獸。遍望極目，欲求度處，則莫知所擬，唯以死人枯骨為標幟耳。」

樓蘭古國就這樣悄無聲息地消失了，漸漸地變成詩歌中一個用於指代的符號，他們說著「黃沙百戰穿金甲，不破樓蘭終不還」，說著「樓蘭勳業竟悠悠，聊作人間汗漫遊」。那些過往的黃金美酒、麗人異香淹沒在羅布泊的枯骨與塔克拉瑪干的黃沙裡，時至今日我們只能從壁畫中、從文書裡推測揣想那個奇異的古國最繁盛時的樣子。

也許曾經有個夏天，日光明朗熾烈。

高鼻深目的小姑娘穿了新製的衣衫，在忙碌的心上人身旁繞來繞去，她倒了一杯酒遞到他唇邊說：「你解解渴吧。」

酒色如寶石，人聲如鶯歌。

她等著心上人多看她一眼，然後說：「你的新衣服真好看。」

交窬裙

從先秦至唐代，裙子的主流剪裁方式都是交窬（古籍也稱交輸）裁剪。

下裙的顏色可以是純色或間色，裙子可以打死褶、活褶或不打褶，多種組合，任君挑選。喜歡甜美荷葉邊的小仙女，可以在裙子邊緣加上荷葉邊，稱之為緣裙，新疆就曾出土過帶荷葉邊的漢代毛紗裙。

蔽膝

蔽膝

半袖裙襦蔽膝

你是否想穿越回魏晉，當一次仙氣飄飄的《洛神賦》女主角？蔽膝將滿足你的幻想。

蔽膝是穿在裙子外的裝飾衣物。在壁畫上會出現一種中間如舌形、兩邊有三個尖角的服飾，據推測它就是「蔽膝」。穿上半袖裙襦，再搭配蔽膝，就能呈現出壁畫中仙氣飄飄的效果。

蔽膝在東漢時本為梯形，後來演化出各種形狀，除了常見的舌形，還有半尖角圍成的花形等。

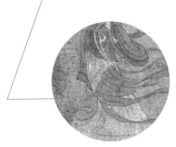

《洛神賦圖》中隱約可見的蔽膝

蔽膝考據小 tips：

1. 在服飾史中介紹魏晉服飾的時候，我們經常提到雜裾，然而衣物疏中並沒有關於雜裾的記載。

2. 中國的可移動文物登錄網收錄有一件絲織品，共約六個尖角，疑似是兩晉時代蔽膝的文物。除此之外，現代也曾挖掘出元代和明代類似圍裙的蔽膝文物。

下半身

5 褌
6 袴
7 裙

上半身

1 褲襠
2 衫
3 襦
4 襌衣

漢晉男子穿衣層次

人氣UP主卓文君

褲是合襠褲，貼身穿著，和現代一樣，有長褲也有短褲。短的如犢鼻褲，和現代的內褲相似，天氣炎熱時，有些奔放的勞動人民，可能會直接穿著犢鼻褲上街勞動。

當初我和司馬相如剛私奔的時候，窮困潦倒，不得不拿自己身上穿的鷫（ㄙㄨㄟˋ）鷞（ㄕㄨㄤ）裘衣去換錢。

我從出生就過慣富足生活，都是要什麼有什麼，哪裡過得慣這樣窮苦的日子？這時候，司馬相如提議：「不如我們去賣酒吧。」

於是司馬相如穿著犢鼻褲，跟那些做苦力的小廝一起幹活，我就在旁邊幫忙打雜。

沒過多久，我父親就怒氣衝衝地找上門來——原來，他聽說了我們倆在這賣酒的事，對於卓家這樣的名門望族而言，穿著短褲跟下人們廝混在一起，實在是太不像話了。

縱然有一千個不願意，他還是接濟了我們，從此我又過上了富裕的生活。

在我們這個時代，單穿犢鼻褲是底層勞動人民為了方便幹活的穿法，有身份的貴族才不屑於這樣穿呢。

不管你穿越到哪個朝代，投胎系統選的是男是女，你一定會穿著褲和袴，沒有單穿裙子「裸奔」的穿法。

@《世說新語》八週刊小記者者

我要向全世界安利，我的偶像阮咸真是一個放蕩不羈的男子！

大家都知道阮籍是超級名士，其實他的姪子阮咸也是一個酷酷的男孩。不僅精通音律，還不拘禮節，絲毫不care那些凡夫俗子的看法。

阮咸和阮籍住在城中南面，其他阮姓親戚住在北面。南阮窮，北阮富，所以雙方也不太有交集。

七月七日這天，我正巧經過阮咸家附近，看到北邊的人紛紛將自己的綾羅綢緞曬在外面「炫富」，我內心冷哼一聲「有錢有什麼了不起」，正準備離開的時候，突然撞上我的偶像阮咸！

咦，阮咸此時的行為怎麼有點奇怪？

在我的注視下，阮咸舉止灑脫地拿出粗布製成的犢鼻褌，曬在了庭院裡。

等等，大大，你知不知道你的行為，一點兒也不像個名士？！你這樣會掉粉的！

面對我疑惑的小眼睛，阮咸不以為意地解釋道：「我也不能免俗，不過是學大家這樣做罷了。」

原來大大是在譏諷那些炫富的鄰居！大大實在是太特立獨行了！

我心領神會，立刻在我的小本本上記錄下了這一幕。

梅雪無名考據小tips

前面我們介紹過的花海畢家灘，也出土過一件碧褌，根據文物推測，這件女墓出土的碧褌，穿起來的效果應該與現代日本的相撲選手類似。

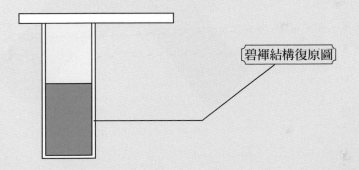

碧褌結構復原圖

花海畢家灘墓葬出土的繡袴殘片，從推測後的復原圖中可以看出左右有三角嵌片，是其特色。

古代沒有毛褲和打底褲，冬天太冷怎麼辦？這時候你需要一條禦寒保暖的袴，也就是開襠褲。它可以套在褲的外面，通常有夾層、用毛皮製作，保暖效果奇好，而開襠是為了方便活動。不要以為古代人如此奔放，只穿開襠褲，其實人家開襠褲裡面是有穿褲的。

分為有褲腰的與無褲腰的。無褲腰的袴類似現在的套褲，而有褲腰的袴通常腰身寬大，重疊之後，外觀是看不出有開襠的。

南北朝篇

裙襦大袖

刀狀的大袖

　　自晉末至南北朝，大袖開始逐漸流行起來。袖子根處窄緊，自肘部以下形成刀狀的大袖，走起路來仙氣飄飄。

　　可惜的是這一時期文物缺失，僅有殘片留存，所以我們只能從石雕陶俑與文獻中推測大袖的存在。《晉書・五行志》中記載：「晉末皆冠小而衣裳博大，風流相仿，輿台成俗。」大袖衣物不僅女子喜歡穿，在南朝的磚畫《竹林七賢與榮啟期》中，竹林七賢也都穿著輕薄飄逸的大袖。

　　這種大袖在唐朝還演變出了舞樂服飾，《通典・樂志》有「舞四人，碧輕紗衣，裙襦大袖」的記載。

某匿名魏晉南北朝時期名士

匿名來回答幾個大家關心的問題。不用猜測我是誰，我只是一個過客。

Q1：如果我穿越回南北朝或唐朝，穿著剛買的大袖衫會被認為是奇裝異服嗎？

會的。因為現代商家做的大袖衫跟古代的大袖衫並不是一個東西，你看到的不一定是你看到的那樣，你以為的也不是你以為的。

當然，如果你有才氣，穿什麼都不是問題。

Q2：大袖是男女都可以穿的嗎？

理論上是這樣。實際上……反正這一時期並沒有完整文物出土。

Q3：你跟竹林七賢的關係好嗎？可以要到簽名嗎？

保密。不過實話告訴你不太可能，鐘會上門都吃了嵇康的閉門羹，還是建議理性追星。

袴褶服

 耿直的唐朝大臣歸崇敬

說真的，我早就看袴褶服不順眼了。

褶（ㄒㄧˊ），是指通裁不開衩的上衣，搭配下褲的「袴」穿著，故而合稱為「袴褶服」，袴褶也常常與裲襠（一種盛行於兩晉南北朝的背心式服裝）一起搭配。

褶衣自古就有，只是在經過南北朝時期的胡漢交融後，才跟袴一起，組成了固定的潮流搭配。由於穿起來太方便了，所以迅速成為男女都愛的流行款。

首先，這衣服的血統就不是很純正。有人認為袴褶服本來是胡服，也有人認為它是受到胡服影響的漢族服飾。

隨著時代的發展，它在隋唐時期更加流行了，最後居然把它當成了朝服，還規定「皇帝、皇太子、三品以上官員穿紫色袴褶。五品以上穿緋色，七品以上穿綠色，九品以上穿碧色」。荒唐，真是太荒唐了！

你說從漢代起就有人穿這種衣服了？

這點我承認，但是漢代的史書上並沒有記載呀！於是我給我的老闆李豫打了一份報告，強烈反對把它當作唐朝官員的朝服，後來我老闆批准了，嘿嘿。

文｜清嘉

漢晉時尚風靡選

HAN JIN SHI SHANG

FENG MI XUAN

　　和後世華麗璀璨的服飾相比，漢晉時期的服飾妝容似乎樸素許多。但是，追求「美」這件事情，絕對是深深刻在人類靈魂中的。哪怕是物藏發掘並不豐富的兩漢魏晉時期，時尚的單品也是不少！今天，讓我們穿越回兩千年前，共賞當年的流行之物吧！

　　漢晉時期金銀較稀少，更多的是骨類、玉類的首飾，但是這類材質能完整保存到現代的很少。在現有的出土首飾中，最讓人驚豔的當數西漢的這朵步搖花啦！

漢晉時尚風靡選———— 055

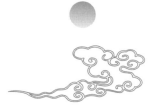

No.1 金步搖

甘肅涼州紅花村出土金步搖

甘肅涼州紅花村出土。花枝底部有四片肥碩葉子，葉尖有小圓環，原有垂綴物。八條細莖上有三個花蕾，四個花朵，中心支柱葉有口銜樹葉的小鳥，小鳥口銜圓形搖葉。

步搖，是用來裝飾髮髻的首飾。《西京雜記・卷二》有記載，趙飛燕為皇后時，她的妹妹趙昭儀所上的賀禮就有「同心七寶釵、黃金步搖」。可見步搖的確是漢代當之無愧的時尚TOP1！

No.2

金花鈿

南京博物院藏

東晉金花鈿（一組九件），直徑 1.4 釐米。1955 年江蘇南京光華門外趙士崗 M10 出土。

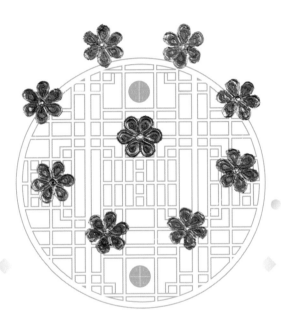

漢晉時尚達人，不能錯過的百搭單品便是金花鈿了。

最初金花鈿是步搖上的附屬裝飾物，後來逐漸形成了完整的六瓣花型，和金葉組合成為步搖的主體，在此後的發展中又與其他首飾組合，形成了各式各樣的女性頭冠。

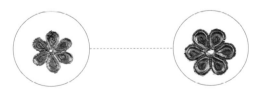

No.3 金鐺

南京仙鶴觀六號墓出土

　　看到這裡，一些漢代白富美可能覺得太沒新意了：就不能介紹一些風格小眾，但又能彰顯地位的首飾嗎！別著急，接著就是象徵著身份與地位的時尚單品：金鐺！

　　這金鐺呀，一般人是見不著的，只有皇帝的親信大臣或者皇親國戚才有資格佩戴。

No.4

玉
飾

河北滿城中山靖王墓出土
透雕龍鳳形玉飾　西漢

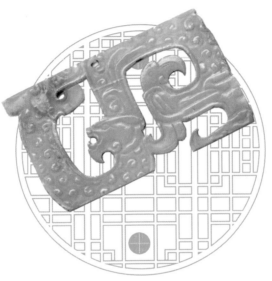

不得不說，玉這種東西，集天地之精華，做出來的首飾自帶貴氣！漢晉時期的時尚弄潮兒必須要擁有！

玉器從古代開始就有很高的地位，想想過去形容美男子都是什麼詞？「溫潤如玉」、「陌上人如玉，公子世無雙」……對玉器的追捧在漢代發展到頂峰，漢代王侯對玉可謂是追捧至極。

美男配美玉，來看看美玉吧！

No.5
錦袋

新疆博物館藏

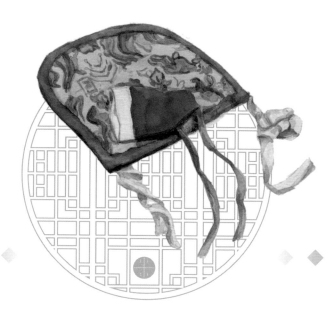

　　金銀玉飾放在哪個朝代都不便宜，但本次最受矚目的單品大家可能都猜不到，就是今天的時尚特別獎得主──「金池鳳」錦袋。

　　這個錦袋，由漢晉時期傳說中的「五色織錦」工藝繡底，上有「金」、「池」、「鳳」三字，專家猜測紅色小口袋是用來放香料的──沒錯，古人自始至終都很愛香囊啊！這個香囊真的太可愛了，可不就是漢晉版的網紅「雞蛋兜」嗎？如果可以擁有它，前面的金銀玉飾我都可以不要！

　　今天的漢晉時尚單品介紹到此結束啦，你最想擁有哪款呢？同款火速get起來吧！

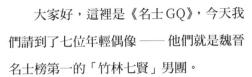

大家好，這裡是《名士GQ》，今天我們請到了七位年輕偶像——他們就是魏晉名士榜第一的「竹林七賢」男團。

接下來，這幾位新秀將從不同的角度詮釋魏晉新風尚。他們又會引起怎樣的潮流呢？讓我們拭目以待吧。

Interviews with celebrities

文／古人很潮

名士GQ採訪錄

嵇康自小就聰穎出眾，博學多才，而且喜愛老莊學說。這聽起來不太妙，在大家的印象裡，大部分學霸都是長相欠佳的。可當粉絲見到真人的時候發現，嵇康不止身高七尺八寸，容貌舉止在一眾年輕學子中都是拔尖兒的。

根據南北朝的小記者爆料，「竹林七賢」都愛寬衣大袖、袒胸露乳。但由於時間已過得太久，其真實性還有待考據。

不管怎麼說，長得好看的人穿什麼都好看。知名美男嵇康的服飾，向來都是當時時尚圈的流行風向。不過嵇康本人對這些外界的議論並不在意，他正忙著在自家院中和好友向秀一起鼓風打鐵。

雖然這次沒有成功採訪到嵇康，不過下次我們會繼續努力的！

「竹林七賢」還未出道，名聲早就在江湖上打響，道上都尊一聲「傳統禮教狙擊手」。隊員中曾有人大膽發言：「禮教難道是為我們這些人設置的嗎？」（引自《世說新語·阮籍送嫂》）榮獲粉絲被狙語錄第一。

除了衣物外，這些時尚大咖們在褲子上也有自己別具一格的想法。

大眾的就不是時尚的了嗎？不！瀟灑脫俗的阮咸就曾現身說法，他毫不忌諱地將自己的犢鼻褌掛在門口晾曬，諷刺那些掛錦繡衣裳的達官貴人。

如果說前面這兩位引領了服裝界的時尚潮流，那麼接下來的這位就是行為藝術界的大拿。

劉伶是團內社會地位最低的人，也並不符合大眾心中對偶像的定義，單是前兩項長相和身高，就已經堵死了他的星途。

劉伶身高不足一米五[1]，容貌醜陋，還不愛與人交際，秉持著朋友在精不在多的理念，尋常場合他總是沉默寡言，對人情世故也是漠不關心。

面對不走尋常路的劉伶，小記者好奇地問：「難道您沒有因為朋友少感到焦慮和自卑嗎？」

劉伶難得沒有喝酒，清醒地回答我們：「朋友少不必自卑，不愛社交也不必自卑，若是我事事都要自卑，那剛生下來的時候照照鏡子就投河了。人活一世，最重要的是開心。」

他的粉絲為偶像的回答瘋狂打call：「老莊學說救我狗命！」

不過喝酒確實是劉伶的愛好，普通人是由72％的水組成的，他劉伶是用72％的酒組成的。

劉伶大大的著名金句：「如果我在這裡喝死了，那就就地埋了吧。」在他那裡，喝酒和穿衣的因果關係是這樣的：因為喝酒，所以不愛穿衣。或許這樣更利

①丘光明，《中国古代計量史》，安徽科學技術出版社，2012年2月

於散酒氣，隨行的侍從卻十分苦惱：「下次到底要不要帶上鐵鍬呢？」

　　訪談結束之後，劉伶聽說粉絲來應援，提了好多好酒，興高采烈地去喝酒了。

　　對此，時尚界某設計師表示，感謝劉伶放過時尚圈轉戰藝術界。

　　王戎從晉武帝時開始，就一路從吏部黃門郎升遷，最後到惠帝上位之後，坐到了司徒的位置。而山濤雖然與嵇康、阮籍情意甚篤，但是各自的志趣其實並不相同。山濤的志向就在於為民當官，甚至成為了一位記載在冊的好官。

　　魏晉時期的官服分官員朝服和便服，除此之外，不同職務、官級也對應著不同的官服。

　　在當時，一種叫「籠冠」的冠飾，成為魏晉官員的標準配備。籠冠前高後銳，以細紗製作，內襯赤幘（ㄗㄜˊ），男女通用。因為塗上了黑漆，又被稱為「漆紗籠冠」，也是山濤和王戎常戴的單品。

　　看到這裡你也許會疑惑，為什麼志趣如此兩極分化的一群人會變成一個組合呢？

　　大概是因為有這樣一個「中和劑」——向秀。

向秀 打破老莊學說固定印象第一人

瀟灑人間客

　　如果說嵇康是阮籍的忘年交，那麼向秀就是山濤的忘年交。

　　向秀少時穎慧，簡直就是平行時空裡的另一個嵇康。少年時就以文章俊秀聞名鄉里的他，後來研讀《莊子》頗有心得。

　　有一次在鄉里講學時，遇到了慕名前來的山濤。山濤聽向秀所講高妙玄遠，見解超凡，如同「已出塵埃而窺絕冥」，二人遂成忘年之交①。後來山濤又把他引薦給了嵇康。因為對老莊之學共同的喜愛，向秀和嵇康相處得十分融洽。

　　嵇康喜歡打鐵，於是嵇康掌錘，向秀鼓風，三人配合默契，旁若無人，自得其樂。除此之外，在朋友的引薦下，他們又有了共同的好友──呂安。

　　很多人可能會疑惑，一個人怎麼可能既是山濤的朋友，又是嵇康的朋友呢？原因在於向秀的性格。

　　向秀既追求個性自由，同時又能遵守禮教規則。許多魏晉名士都在「入世」還是「出世」中反覆糾結，但向秀巧妙地找到了二者的平衡點。正因如此，嚷嚷著要與山濤絕交的嵇康才會覺得山濤的摯友向秀是可交之人。

　　正如粉絲所說，他們幾人就像當今的時尚界一樣，有大眾欣賞得來的主流藝術，也有特立獨行的小眾潮流。

　　本次採訪到此就結束了，請各位粉絲朋友多多關注《名士GQ》，更多花絮會在粉絲團gurenhenchao放出。在粉絲團回覆「竹林七賢」並寫出感想的朋友，前5名將會獲得隨機「竹林七賢」簽名照一張。

①房玄齡《晉書‧向秀傳》。

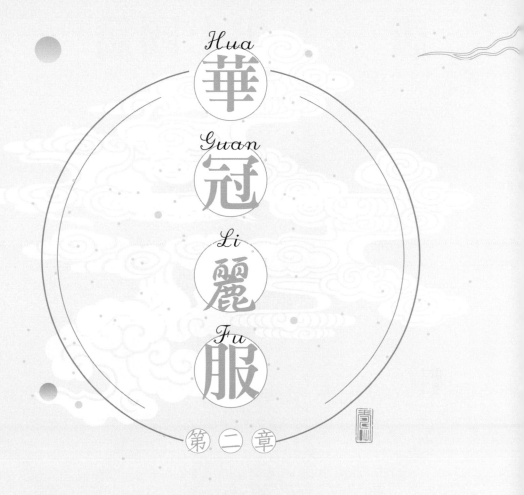

Hua

華

Guan

冠

Li

麗

Fu

服

第二章

這是歌舞昇平的大唐盛世，也是令人神往的華服時代。

楊貴妃穿的石榴裙究竟是什麼樣子？

白居易上朝穿的是什麼樣的官服？

如何成為一名合格的大唐仕女？

歡迎進入大唐女孩的衣帽間，這裡都是值得收藏的時尚單品。

唐─五代十國篇

DRESS ORDER

初唐雞心領帷帽仕女

唐

唐朝女子穿衣層次

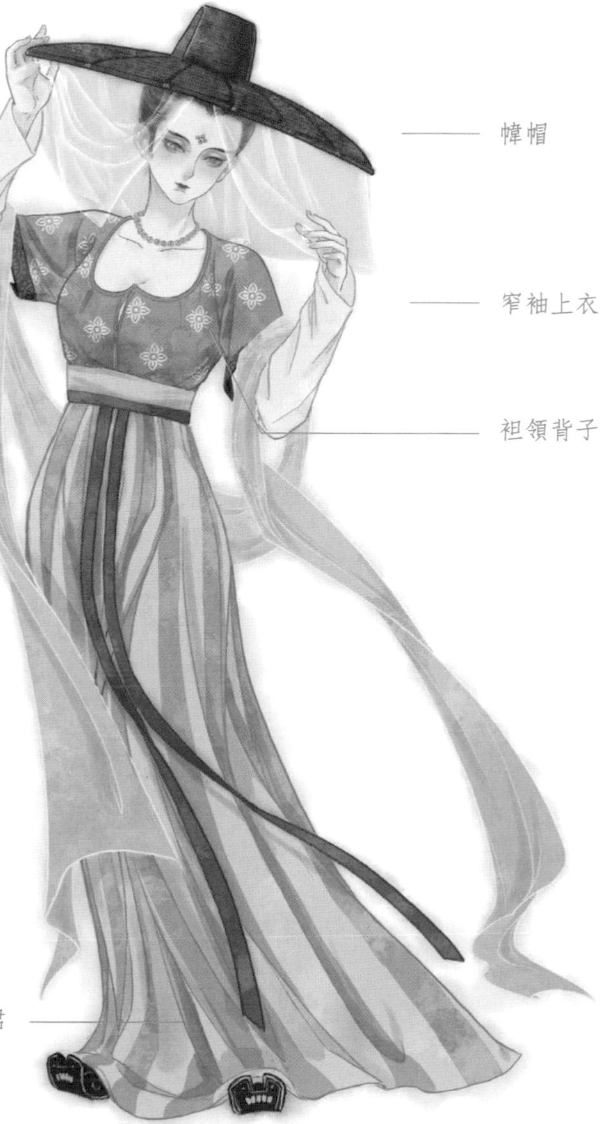

幃帽
窄袖上衣
袒領背子
間色裙

上半身

衫/襖——背子——帔子

下半身

褌——袴——裙

衫／襦

推薦人

某貴婦旁的
不知名小侍女

今天休假，我偷偷地跟小姐妹一起溜出來玩耍。

《唐傳奇》中說我們這些小侍女經常穿「青衣」，就是青色或者黑色的衣服，其實我們穿的衣服才沒有這麼單調呢！

首先，不論富貴貧賤，你一定會穿上「衫」。但千萬不要被相同的字眼迷惑了，不同朝代的衣服，哪怕叫的名字一樣，其實差異也是很大的。甚至幾十年過去，時尚潮流就會換一個來回。

本來衫是內搭的第一層衣物，襦為禦寒外穿的冬衣。但隨著襦的傳入，穿襦的人逐漸減少，最後被更加簡單實用的衫襦取代。這時候的衫不再是分裁制①的衣物，和襦一樣都是通裁②開衩的，也會在衫襦上使用色彩紋樣，這時的衫襦都會加上色彩與紋樣，單層為衫，雙層為襦。

你可能覺得我們唐朝女孩的衣櫃看起來有些單調，其實不會啦。衫襦有直領、圓領等多種款式，還有很多不同的穿法。

哎呀，我的小姐妹喊我去買胭脂了，我先走了，拜拜！

①分裁制：就是分別裁好上衣和下裙，然後再縫綴在一起，最後衣服還是一體的樣式。
②通裁制：隨著時代的發展，分開裁剪再拼接的制衣方式過於麻煩，於是又發展出了上下通裁的長衫，也就是上下一體的衣服。根據形制的不同，可分為圓領袍、直裰、直身、道袍。

背子

推薦人

居住在西域
的麴氏

參考阿斯塔納206號墓（張雄與麴氏之墓）女俑繪製

我是高昌的王室麴（ㄑㄩˊ）氏，歷史上不曾記載我的名字，不過我的丈夫你們可能聽說過，他就是高昌國的大將軍張雄。

張氏本來不是高昌當地家族，是從內陸一路遷徙過去的，後來張氏家族變成了高昌國中最顯赫的漢人家族。

我們倆的婚姻，在當時屬於老夫少妻，但到底也稱得上是門當戶對。

高昌國只是西域的一個小國，免不了要在各國的夾縫中委曲求存，特別是東邊還有強大的唐王朝。可惜當時的高昌王不懂得這個道理，屢次扣留西域各國到長安的使者，得罪唐王朝。

我丈夫經常對我歎氣：「這樣下去，高昌遲早會惹上禍事啊！」

每次向高昌王勸諫，都無疾而終，終於他鬱鬱而終。幾年後，高昌被唐朝的皇帝李世民所滅。

歸順唐朝以後，我們這些高昌貴族過得還不錯，我的次子張懷寂更是憑藉軍功，得到了唐王朝的重用。

背子

裙子

帔子

　　抱歉，不知不覺間說了這麼多。老實說，這些當時西域的風雲人物，後世人可能並不認得，便多囉唆了幾句。

　　在我生活的時期，流行一種穿在女裝衫襦外面、通裁不開衩短袖或無袖夾層短衣，後世稱它為「背子」。它的模樣和男子的半臂類似，但是從學術層面來說，在唐代「半臂」這個詞彙只有男性使用，元代以後，才變成男女通用的詞。

　　從墓中出土的女舞俑，個個面龐飽滿，點著當時流行的面靨，穿著彩色間裙，千年不朽，直到今天，你們還能從她們身上看到初唐時的流行風尚。

梅雪考據小tips ◆
◆
◆
◆

日本學者源順所編纂的《倭名類聚抄》有「背子」條，其引漢語辭書《辨色立成》云：「背子，形如半臂，無腰之裕（夾）衣也。」又《楊氏漢語抄》云：「背子，婦人表衣，以錦為之。」由此推測這種服飾叫「背子」。到了宋代，背子演變為通裁開衩的長袖第三層衣物。

帔子

推薦人

唐朝仕女
集體安利

　　衫、裙、帔可以說是唐代女子衣櫃必備三件套。「帔」又稱「帔子」，我們現在叫作「披帛」。帔子的面料通常是輕透的紗、羅，它類似現代女孩子的絲巾，可以隨意穿搭。而冬天禦寒時則可用雙層的夾帔子，更加保暖。

　　值得注意的是，帔子的兩角並非是直角，它有一定的弧度，平鋪時整體看上去為船型。

帔 子 的 不 同 披 法

帔
子

披衫／披襖

推 薦 人

某匿名
唐朝貴婦

聽說不少後世人喜歡穿越來唐朝旅遊，不巧我那天上街，正好看到一名穿著寬衣大袖的女孩在街上遊蕩。根據我的經驗，她肯定不是正宗的唐朝人。

別的不說，她穿的那件大袖衫，就百分百地露餡了呀！

後世的商家都很喜歡製作這種大袖衫，也深受各種小仙女小仙男的歡迎，不過大袖衫目前並沒有唐代的出土文物證實，結構不明，只能從文獻記載中推測出這種衣服存在，在當時可能被稱為「披衫」或「衫襖」。

換句話說，就算我們當時也穿這種大袖衫，它跟現代的結構可能完全不一樣，此披衫非彼大袖衫了。

別灰心，老實說，我覺得你們穿的大袖衫也挺好看的！

和漢代的時尚小姐姐們一樣，唐代女子的裙裝也大多使用交窬方式裁剪。

據報告記載，現代已出土的八件唐代裙子，都是由上窄下寬的梯形裁片拼接而成，這種裙子的裁片數從6到22片不等，長度不一。由現存文物的裙長推測，交窬裁剪在齊胸裙或齊腰裙中都有運用。

想穿越到唐初的小姐姐們注意了，當時有「疊穿」的風尚，還流行在長裙外疊加一條短裙，這種穿衣潮流直至開元以後才慢慢過氣。

下面有請大唐的時尚美人們，為大家介紹她們衣櫃裡最出名的裙子。

唐代的劉存在《事始》中記載：「裙，古人已有裙八幅，直縫乘騎，至唐初馬周，以五幅為之，交解裁之，寬於八幅也。」也就是說，唐代的裙子是「交解裁之」，交解就是交輸、交窬，也就是全幅布對角斜裁，裙片使用直角梯形拼接的意思。

梅雪無名考據小tips

石榴裙

推薦人

愛美達人
楊貴妃

說到石榴裙，人們就會想起我。沒辦法，誰讓我人紅是非多呢。

在我生活的時代，流行純色裙，特別是紅裙。因為紅色和石榴的顏色相近，又寓意多子多福，所以紅裙又被稱為「石榴裙」，如果是用茜草染成的裙子，稱為「茜裙」；橫向暈色的裙子呢，叫做「暈裙」。別誤會，這些指的只是裙子流行的色彩，並不是什麼特殊的形制。

上至公主，下至民間女子，沒人不愛鮮豔的石榴裙。我當然也不例外，衣櫃裡有不少這樣的時髦裙子。

而石榴裙在後世的出名，則是因為一句戲語——拜倒在石榴裙下。

這傳說呢，不出意外又跟我相關。據說有一次，唐玄宗李隆基設宴召集群臣共

飲，召我前去跳舞助興。

　　我是什麼身份的人，怎麼淪落成了舞女？於是我對皇上說：「這些臣子瞧我的時候一點都不恭敬，所以我不願意為他們跳舞。」

　　皇上聽了大怒，覺得我被這些大臣們輕慢了。他立刻下令在場的所有人，見了我一律行禮，否則嚴懲不貸。

　　大臣們聽了誠惶誠恐，見我穿著一襲靚麗的石榴裙走來，紛紛跪拜行禮。這就是典故的由來。

　　這件事當然是胡說八道了！我勸這些造謠的人善良。

　　不過，石榴裙確實是我衣櫃裡出鏡率非常高的裙子。愛生活，更愛紅裙。

唐代石榴裙壁畫

間裙

推薦人

節儉小能手
武曌（业幺ˋ）

嗨，說真的，誰能抵擋住紅裙的誘惑呢？

當年我被迫在感業寺禮佛的時候，偷偷地給我未來的老公李治寫詩：「看朱成碧思紛紛，憔悴支離為憶君。不信比來長下淚，開箱驗取石榴裙。」

如果你不相信我近來因思念你而傷心欲絕，那就打開衣箱看看我石榴裙上的斑斑淚痕吧。

這可能是我一生中作得最好的一首詩。

我衣櫃裡的那件綺麗的石榴裙，成功勾起了李治記憶中那段旖旎的時光。

不久以後，我便被召進宮中，重新獲得了皇上的寵幸。

如果你來到唐朝，一定會被唐朝女子衣櫃裡的裙子迷住。唐朝女孩的裙子精緻華麗，純色、間色花樣繁多，做起來費工費料，貴婦的裙子上更是會點綴各種裝飾。

要知道在唐朝，絹帛是可以當作貨幣使用的珍貴東西，貴族女子的奢靡讓某些唐朝直男看不下去了：「你們這些女人，實在是太鋪張浪費了！」

我是什麼人，這點政治敏感還是有的。當即我便拋棄了心愛的繁複裙子，改穿樸素的七破間裙，打造自己的節儉人設。

李治對我帶頭響應的舉動很滿意，下詔時特意拿我當典型模範：「天后我之匹敵，常著七破間裙，豈不知更有靡麗服飾，務遵節儉也。」

瞧，我在皇上心目中又多得了一分。

比起純色裙，間色裙的製作要麻煩許多，但是因為它做工精美，仍然得到了不少唐朝貴族女子的喜愛。

對於大唐女孩來說，美，就是第一生產力！

後來，裙裝開始流行用活褶裝飾。

比如三襇裙，在唐代壁畫中已有呈現，從壁畫上看到的「三襇裙」（或四襇裙）的外形是下擺散開、裙子如喇叭狀。從有些圖畫上，可以看到仕女裙背面似乎還有一個褶襇，因此推測也可能有四襇裙的存在。

唐代法門寺地宮出土了兩件裙子，其中一件報告附有圖片。這件裙子一共使用了六幅布，運用交窬裁剪，裁出多個直角梯形裁片，後人推測這件裙子為十二破或更多破數，裙子圖片正面有工字褶，也許是三襇裙的實物。這種款式的裙子，在南宋周氏墓也有出土，應有傳承關係。

現代人在壁畫中，常看到裙子側邊有開口現象，商家也根據這個開口，提出了兩片式裙子的推測。這種現象，從武周時候的壁畫就能看到，到了晚唐，裙裝的褶襇更多，側開也更為明顯。然而其具體的結構仍未探知，但從紐約大都會博物館所藏的唐代陶俑來看，裙子的開衩口只有單側，並非左右對稱。

唐朝襇裙雖有文物出土，但留給現代人的線索還是太少。

唐代陶俑

我超喜歡齊胸襦裙，想知道唐朝真的有這種形制嗎？

關注問題　寫回答　邀請回答　添加評論 分享 檢舉

查看全部答案

齊胸裙其實是穿法，也就是裙子穿在胸上的意思，不是指特定形制。如果是齊胸的交窬裙，阿斯塔那就出土有裙長130、140釐米的文物。但若是商家做的方布打滿褶子的齊胸裙，文物證據就少了些。

法門寺地宮出土過類似的，報告描述其「由六塊全幅面料縫製而成，沒有任何斜縫」。推測接近商家製作的一片式齊胸褶裙，然而沒有圖片，只有文字敘述，不知道褶子怎麼打的，也不知道是僅合圍還是圍了一圈半。

大唐的方布褶裙雖有文物出土，但留給我們的線索還是太少。如果真的有興趣穿唐制的漢服，不妨參考有比較多文物支持的交窬裙。

The Guide To Travel

理性討論，唐朝的裙子可以轉圈圈嗎？

關注問題　寫回答　邀請回答　添加評論 分享 檢舉

查看全部答案

　　唐朝流行多擺裙，婦女穿的裙子普遍為五幅，也有六幅、八幅甚至十二幅的裙子。

　　那麼這個五幅跟十二幅，到底裙擺是多寬呢？

　　目前出土的唐朝裙子裡，八彩暈間綾裙復原後裙長 90 cm，底擺 176 cm；絳色印花紗裙復原後裙長 120 cm，底擺 174 cm；絳色百褶絹長裙復原後裙長 130 cm，底擺 242 cm。

　　轉圈圈當然也能轉，只是比起現在動不動 6 米擺甚至 9 米擺的裙子，還是遜色了許多。如果你穿上 9 米擺的裙子去唐朝旅遊，回頭率肯定百分之百。

齊胸裙

The Guide To Travel

如果齊胸襦裙形制存疑，那坦領的形制存在嗎？

關注問題　寫回答　邀請回答　添加評論 分享 檢舉

查看全部答案

　　從出土陶俑上看，唐朝女孩們的衣櫃裡的確有一種似圓領低胸，俗稱坦領的上衣，有人主張這是圓領對襟的衣物，也有猜測這是從魏晉的上襦發展而來的一種短外衣，也有少部分人主張，那是圓領大襟對穿構成的形象。

　　但目前尚無出土文物支持，所以形制是暫時存疑的。

Tang Dynasty

TANG
DYNASTY

唐朝男子穿衣層次

王維

必備物品

襆頭——六合靴

上半身

汗衫——褻子／長袖——
半臂——襴袍／缺胯袍

下半身

褌——袴

襖子／長袖

缺胯襖子

推薦人

喝酒達人
李白

　　說起我們穿的襖子，我看也沒什麼好說的。平時我們主要穿的就是圓領大襟的衫襖，它是穿在第二層的禦寒衣服，也可以單穿或者穿在圓領袍下面。

　　在北齊時期就已經有了「合胯襖子」的記載。唐代的襖子多半開衩，左右開衩的是「缺胯襖子」，日本正倉院藏的吳女襖就是缺胯襖子；在衣身後開衩的是「後開襖子」，中國絲綢博物館藏有一件「錦繡花卉紋綾袍」，就是袍服後片中間開衩。

　　與缺胯襖子同屬第二層、穿於汗衫之外的衣物還有「長袖」。這裡的「長袖」不單指袖子的長短，而是相對於「半臂」的形制來說，它是長袖版的半臂。和半臂一樣，長袖也是分裁接襴的衣物，襯於圓領袍之下，腰襴兩側會打多個褶子，能從袍的兩側露出。

　　嘿，不過在我看來，這些衣服都沒什麼稀罕的，不如賣了換酒來。

半臂

推薦人

某唐朝隱士

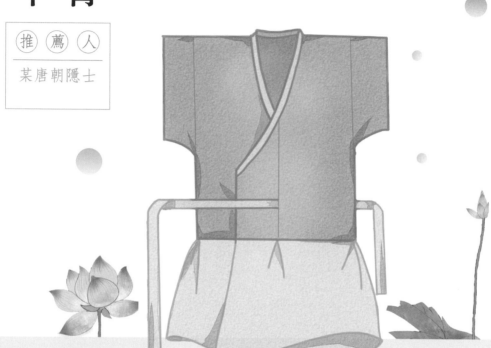

　　半臂是唐代男子穿的短袖分裁接襴衣物，女子穿著的類似衣服可以稱作半袖、短袖。半臂主要是穿在汗衫和外衣中間，通常選用較華麗硬挺的面料，如錦半臂，有墊肩的作用，顯得人更加高大威猛。

　　當然，有些不走尋常路的時尚唐人也會選擇外穿或單穿。陶俑中有很多穿著圓領袍、兩肩突起的人物形象，這些人物裡面大都內襯了半臂。

圓領袍

推薦人

帥氣的
太平公主

《新唐書·五行志》裡記載了一則我的小故事。

有一次我父親李治舉辦內宴，我穿著紫衫玉帶，隨身攜帶佩刀、礫石等「七事」，一副男子裝扮到場，父母看到我都笑了，打趣道：「女子不可以當武官，你怎麼穿著這個來了？」

這當然是因為，女扮男裝是當時的流行時尚啦。

在當時，圓領袍這種衣服，不僅男子愛穿，我們女子也十分中意。

圓領、大襟、窄袖，長度通常在小腿到腳面之間，這些是圓領袍的顯著特點。嚴格來說，圓領袍是一個比較籠統的稱呼，它可以細分為缺胯袍與襴袍。

缺胯是左右開衩的意思，缺胯袍一開始是庶人的穿著，後來因為便於活動而廣

受歡迎。

　　唐朝士人穿的是襴袍，袍服左右不開衩，下加橫襴，有人以為這是代表深衣衣裳相連的特點。《新唐書‧車服志》中記載，唐太宗時期的大臣馬周上奏，表示應該規定袍服加「襴、袖、褾」為士人上服，而缺胯衫呢，則是平民百姓穿的衣服。

　　從此，襴袍進入唐代的官服體系，成為官員的常服，而襴袍也因此有了各種顏色規定。唐太宗時定了下規矩：三品以上著紫色、四品著深緋、五品著淺緋、六品著深綠、七品著淺綠、八品著深青、九品著淺青、庶人著白色。

　　而我作為公主，穿的當然是最尊貴的紫衫啦。

　　注意啦！唐代的圓領袍平鋪時，胸處和腰處極寬，只有放寬尺寸，才能稱得上是袍，不然就只是衫襖。

襴袍

缺胯袍

梅雪無名考據小tips

唐代文獻中稱圓領袍為缺胯衫，但使用『衫』的稱呼容易與第一層汗衫混淆，加上這衣物本身就有袍服的功能，於是到宋代便稱它為『袴袍』，而在服飾史上則以『缺胯袍』稱之。

◆ ◆ ◆ ◆

襆（ㄆㄨˊ）頭與巾子

　　唐代男子用來裹頭的黑色方布，就是我們說的「襆頭」。因為直接裹頭形狀不怎麼好看，後來發展出在襆頭內襯「巾子」。「巾子」通常是以桐木、竹篾做成，這樣可使造型更加美觀。

　　襆頭裹髮一開始是在前方繫結，後來在腦後下垂兩腳，我們稱之為「軟腳襆頭」或「垂腳襆頭」。後來，襆頭的兩腳逐漸變長，加上鐵絲、銅絲，將之撐起，成為硬腳，發展出各種形態。襆頭也由方布演變為帽子，如宋代流行的展角襆頭、交角襆頭，明代的烏紗帽等。

巾
子

巾子【參照新疆吐魯番阿斯塔那唐墓出土巾子繪製】

◆ ◆ ◆ ◆

蹀（ㄉ一ㄝˊ）躞（ㄒ一ㄝˋ）帶

　　唐代圓領袍外需繫帶，類似現代人的腰帶。

　　比較常見的是蹀躞帶、革帶。蹀躞帶由胡人傳入，帶間有帶環，可以用來掛各種隨身物品。唐代曾有規定，職事官三品以上賜金裝刀、礪石，一品以下則有手巾、算袋、佩刀、礪石。到睿宗時，罷佩刀、礪石，而武官五品以上可以佩戴佩刀、刀子、礪石、契苾真、噦（ㄩㄝˇ）厥（ㄐㄩㄝˊ）、針筒、火石袋，這些也被稱為「蹀躞七事」。

　　太平公主女扮男裝赴宴時，戴的也是類似的「七事」。

　　蹀躞帶的材質、佩掛物件的數量，與佩用者身份高低相關，唐代規定三品以上的官員才可以用金玉帶，是最高等級，四五品用金帶，六七品用銀帶，八九品用鍮（ㄊㄡ）石帶，流外官及庶人則用銅鐵帶。所以在唐朝，你可以通過一個人的穿衣打扮，來判斷出他的身份。

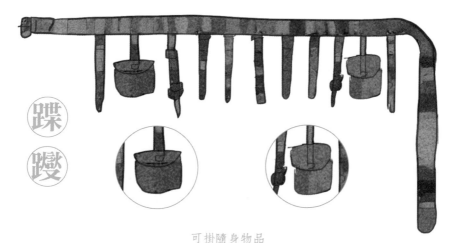

蹀躞

可掛隨身物品

唐朝美人**出街指南**

文 清嘉

看膩了金銀的簪釵，覺得戴著滿頭釵出街有點太張揚？今天我們就來偷師一下唐代白富美的時尚 Tips，看看她們都有什麼獨門巧思，讓你的造型更加美美美。

唐代作為中國古代經濟最鼎盛的時期之一，經濟發達，文化繁榮，民風也較為開放。歌舞昇平的盛世之下，無數「奢侈品」產業得到了長足的發展——畢竟富裕嘛。唐代貴婦們服飾奢侈、妝容華美、飾品精緻，個個都是時尚達人。

「工欲善其事，必先利其器。」我們先粗略複習一下功課 —— 唐代髮髻的樣式。唐代仕女以高髻為美，高髻可顯得女子頸首修長，亭亭玉立。具體的款式則有百餘種，其中比較常見的有雲髻、丫髻、螺髻、雙垂髻、半翻髻、蛾髻等，當然還有一些不常見的，比如翻荷髻、坐愁髻、朝雲近香髻等，有興趣的同學可以補下課！

雙丫髻　　　　　　雙垂髻　　　　　　墜馬髻

倭墮髻　　　　　　髮髻　　　　　　雙環望仙髻

高　髻　　　　　　雙螺髻　　　　　　單刀半翻髻

複習好了嗎？接下來我們進入下一課，也就是唐朝白富美的獨門秘技之 ——「梳背」的運用！

梳背，就是它！能讓你的造型美上Ｎ層樓！

唐代髮髻高聳，仕女們很喜歡將小小的梳子插在髮髻上，露出雕刻繁複精美的梳背。沒錯！所謂「梳背」，其實就是日常用的小梳子。和簪釵相比，梳子更加小巧精緻，不僅低調，更能突顯大家閨秀的氣質。因此一時間梳背在唐朝風靡起來，成為這個時代最具代表性的頭飾之一。

《搗練圖》場景

唐‧張萱《搗練圖》中仕女
頭上均有梳背做裝飾

　　目前可考的唐代梳背中，以玉為材質的較多。大部分玉梳背是鑲嵌在梳子上面的裝飾，其雕刻的花紋也多以花、草、鳥、獸等吉祥紋樣為主。

TANG DYNASTY

唐代玉花卉紋梳背，長13.8釐米，寬4.8釐米，厚0.2釐米。北京故宮博物院院館藏。

這類玉梳背下部有扁平且薄的榫（ㄙㄨㄣˇ），用來鑲嵌相同質地的梳齒。

除了這類獨自成裝飾的單純梳背，唐代也有自帶梳背的玉梳。

唐代玉花卉紋梳背

TANG DYNASTY

玉雙鳥紋梳，長10.5釐米，寬3.5釐米，厚0.4釐米。北京故宮博物院院館藏。

這類玉梳子一般較為扁平，兩面的紋飾相同且兩端對稱，皆以鏤空透雕加短陰刻線紋完成，下部自帶梳齒。

唐代玉雙鳥紋梳

除了玉梳背，不要忘了，金梳背也是唐朝侍女髮髻上的主力軍之一！

TANG DYNASTY

唐代卷草紋金梳背，出土於陝西省西安市南郊何家村，現存於洛陽唐藝金銀器博物館。

唐代卷草紋金梳背長6.1釐米，寬14釐米，厚0.5釐米，可以在上端插入骨木梳齒。半月形梳背用掐絲焊接出卷草、梅花等花紋樣。其技藝之高超，是唐代裝飾品中的傑作。

唐代卷草紋金梳背

TANG DYNASTY

唐代蓮花紋梳，湖南桃花嶺中南工大唐墓出土，一對兩件。現藏於長沙博物館。

與玉梳背一樣，除了單獨的梳背部件，金梳背同樣也有梳背和梳齒合為一體的小梳子。

唐代蓮花紋金梳
（根據實物繪製）

俗話說得好，穿金戴銀。唐代的銀梳背也同樣很精美！姐妹們完全可以安排起來。

TANG DYNASTY

唐代鎏金透雕卷花蛾紋銀梳

唐代鎏金透雕卷花蛾紋銀梳，高8.5釐米，寬13釐米。

介紹完了梳背的樣式，那麼如何佩戴，才能成為最靚的仙女呢？唐朝詩人王建在《宮詞》一詩中寫道：「玉蟬金雀三層插，翠髻高叢綠鬢虛。」可見梳背的插法也是較為複雜的，但是萬物總有基本法，大部分唐代女子都是在挽好髮髻的正面橫插一把梳背。

梳背的佩戴方式

今天戴什么出門呢？

　　就像張萱的《搗練圖》中的仕女一樣，一把梳子再配上花鈿，清麗氣質呼之欲出。

　　除此之外，有些不太喜歡素雅風格的貴婦們，會選擇將一對或者多對梳背對稱有序地插入髮髻間，這種梳法更顯雍容華貴的氣質。

壁　畫

敦煌莫高窟藏經洞出土的接引菩薩畫中的唐代仕女小像。倫敦大英博物館藏。

姐妹們，買起來！

　　隨著時間的推移，唐代仕女對插梳的喜愛程度可謂是「如瘋如魔」，在中唐至晚唐時期達到了頂峰。唐朝詩人溫庭筠留有詩句「小山重疊金明滅，鬢雲欲度香腮雪」，就是在說仕女頭上華貴的髮飾如山巒重疊，在陽光照耀下金燦明滅。

莫高窟壁畫五代第98窟東壁貴婦

　　在唐朝，梳子作為日常使用之物，不僅兼顧了裝飾功能，更是用來傳遞愛意的物品。「結髮同心，以梳為禮。」綿長的愛意，皆在此小物之中，只望妥帖收藏，白頭偕老。

　　不過到了宋朝，由於髮型的變化，這種小梳便不再流行，後來到了清朝才又復興，不過這就是後話了。

　　接下來讓我們看看唐朝白富美出街獨門秘籍之二：香毬。

　　中國的香文化歷史悠久，夜點一豆燈，佳人相伴，也有暗香盈袖。出街時帶上它，本指南保證，整條街的目光都是你的！

　　為了這一拉風的效果，唐朝人可謂是極盡奇巧之思，設計出了這款大名鼎鼎的葡萄花鳥紋銀香囊。

唐代葡萄花鳥紋銀香囊

唐葡萄花鳥紋銀香囊。1970年出土於陝西何家村。外徑4.6釐米，金香盂直徑2.8釐米，鏈長7.5釐米。

　　別看這個物件很小，卻包含了匠人無盡的智慧：三層旋轉軸的設計，使得外球無論如何晃動，內裡的金香盂永遠都保持水平狀態，有效地避免了香灰撒落一身的尷尬情況。

　　怎麼樣，聽起來是不是很心動？再悄悄告訴你，冬天它還具有暖手的功能，一物多用，還十分美觀，你值得擁有！

　　說完了匠心獨具的香囊，唐朝仕女還有第三個戴上就仙氣暴漲的時尚單品——臂釧。

　　臂釧，又稱「跳脫」，多為金、銀及玉質。我們都知道，唐代以豐滿為美，而臂釧這一首飾，恰能凸顯上臂渾圓的美麗。

唐金鑲白玉釧，現藏於陝西歷史博物館。

臂釧

好了！今天的唐朝出街指南就到這裡，再畫

一遍重點 —— 唐朝出街三件套：

梳背、香毬、臂釧。

備齊三件套出街，十萬浪子為你回頭！

唐代仕女妝扮指南

文
瑤
華

THE GUIDE
TO TRAVEL.

諸位看官，大家好！小女子自東土大唐而來，是士族韋家的一位……侍女，不是仕女。像我這樣的侍女，韋家有四百人之多，根據每人擅長的技藝來分配崗位，我就是專門負責九娘子梳妝打扮的侍女啦。

唉，我家娘子正「愁春懶起妝」呢，這不，盧家的十二娘子已經派人送了書信，約今日乘車跨馬，共去郊野探春，同行的還有杜家娘子、李家娘子等等。九娘子此番一定是要精心裝扮，豔壓群芳。

身為高門侍女，給娘子們化妝可是一絲不敢馬虎。敷鉛粉、抹胭脂、畫黛眉、貼花鈿、點面靨、描斜紅、塗唇脂，工序繁多。聽說，胭脂是從一種叫紅藍花的花汁中提煉出來的，要營造不同的妝容效果，也有不同的擦法。

因為正是春日，要人比花嬌，臉頰、脖頸上可不能吝惜胭脂，需要重重地塗上，想來今日晚間回府洗面，潑出去的水一定會變成紅泥了。

眉形、口脂的畫法就更加多樣了，畫眉有鴛鴦眉、小山眉、垂珠眉等數十種，有的細長彎曲，有的短平而闊，娘子說時下流行如桂花樹葉片的桂葉眉，嫌我畫得不好，自己上手又描繪了一番。隨後，還要在額頭上黏貼用金箔片製作的花鈿，並在面頰上點上豆大的圓形面靨，最後在太陽穴塗上一對月牙形斜紅，和花鈿相呼應。

最後就是畫唇了，式樣有石榴嬌、嫩吳香、半邊嬌、萬金紅、聖檀心、露珠兒……可以每天換一種，畫一個月都不會重樣，娘子選了在唇上用淺絳色口脂暈開的「胭脂暈品」畫法。

吐魯番阿斯塔那出土的唐代仕女圖絹畫

與精緻的妝容搭配的衣著，當然也得細心準備。

就說那衫裙，每一位世家女子都這麼穿著。現在天氣暖和，娘子沒有選擇齊腰短衫，而是穿上了輕薄的大袖羅衫，仿照宮中式樣，滿鋪蹙金繡花葉紋樣，配上大紅色的石榴裙，真是鮮豔又富麗。

像石榴一樣豔紅的裙子，是仕女們的最愛，像我家主人這樣身份高貴的女子，不會吝惜做裙子的布料，裙擺拖到地上才時尚，走路時裙裾會掃起落下的花瓣，坐下時衣帶會牽絆新生的碧草。

今天風和日麗，主人們一定會選取有名花之處閑坐玩賞，將外穿的紅裙遞相插掛，作為宴幄，讓那些輕薄兒窺視不到。

聽說安樂公主有一條「百鳥裙」，是用珍奇的鳥羽織成，正看是一種顏色，旁視是另一種顏色，在太陽下和在暗處又都是不同的顏色，裙中還織有百鳥圖案，讓人眼花撩亂，真是太奢華了！

和衫裙搭配的還有披帛，也叫帔子，其中一種布幅較寬，長度較短，披在肩上，兩端垂在胸前；另一種布幅較短，長達數尺，纏繞在雙臂上，顯得衣帶當風，飄飄欲仙。披帛的顏色、花紋，都要和衣裙顏色相襯協調，今日娘子的披帛就是鬱金染色的，鮮明奪目，可以調和裙子的豔紅。和衣裙搭配的還有精美的鞋子，娘子穿的是鞋頭上翹並且裝飾有蹙金花樣的「重台履」，製作鞋子的布料也是和裙同色的紅底花鳥文錦。

我呢，也不能比別家的侍女遜色，今天我穿的及地長裙由紅白間色拼合而成，和淡綠色窄袖衫、黃色披帛、綠色翹頭履搭配，顯得非常和諧（參考自安元壽墓壁畫）。

段簡璧墓壁畫侍女　　　　　　　　安元壽墓壁畫侍女

　　遊春的仕女中也有大膽豪邁的，穿上了男子式樣的胡服：翻領、窄袖、對襟
的缺胯袍和緊口條紋波斯式樣褲，腰繫蹀躞帶，腳穿軟錦尖頭線鞋，頭戴尖頂胡
帽。我曾經看到過段家的侍女身穿白色圓領窄袖袍、紅綠相間條紋的波斯式樣褲
子，繫腰帶、佩鞶囊，腳穿長筒黑靴，想來就是這種胡服和男裝的結合了③。

《虢國夫人遊春圖》局部

③參考自段簡璧墓壁畫。

以前，仕女騎馬出行時，頭戴帽簷下垂一周紗幕的「帷帽」，聽說也是源自胡服的羃（ㄇㄧˋ）。這一裝扮曾經遮蔽全身，後來只半遮面部，用處也從遮蔽風沙轉變為裝飾，現在幾乎不再有人使用了，大家都大大方方地在馬上展現美麗的容顏。但今日遊春主人並未吩咐騎馬，我也就不用跟在馬尾巴後面了。

　　時候不早了，今日就先介紹到這裡吧！娘子叫我去捧鏡子，她要用兩面鏡子前後映照，看髮髻上插的花枝是否合襯。

《虢國夫人遊春圖》局部

雲想 *Yun* *Xiang*
花想 *Hua* *Xiang*
想衣 *Xiang* *Yi*
容裳 *Rong* *Chang*

第三章

宋朝穿越指南

本指南隨時更新，穿越時請記得隨身攜帶。

1. 穿越到宋朝，首先要弄清楚自己穿越到了哪個時期。南宋、北宋流行的衣服款式不太一樣，前期和後期流行的也不太一樣。如果穿越到了宋太祖時期，晚唐五代流行的衣服還能暫時穿一下，畢竟女孩子的衣櫃不會立刻更新。但如果穿越到了神宗、哲宗時期，妹子們還是得乖乖把齊胸裙收起來，換上對襟衫、褙子，跟著大宋女子一起追求時尚吧！

2. 那邊的同學要注意一下！宋朝穿衣服可是有顏色規定的，如果是普通百姓，只能穿皂色和白色。不過嘛，規定就是用來打破的，大家太愛偷穿紫色，於是朝廷後來只好放寬規定，紫色也能穿了。你說古畫上的美人怎麼有那麼多顏色的衣服？如果你躲在家裡面，怎麼穿官府也抓不到呀！

想閱讀李清照的時尚筆記，一睹蘇軾、柳永、王安石等文圈大大真容的旅客，請在這邊按順序登記，不要擁擠，祝本次穿越之旅愉快！

宋朝女子穿衣層次

抹胸―肚兜――衫―襖――背心―褙子

宋朝

下半身

褌――褌――褌
褌――袴――袴 or 袴
褌――褌――裙
褌――袴――襠

肚兜抹胸

推薦人：南宋白富美黃昇的侍女

我家小姐來自南宋一個顯赫的家庭。她的父親是南宋紹定二年（公元1229年）的狀元，考上狀元以後迅速走上了人生巔峰，一路做官，後來當上了泉州並提舉市舶司。

你可能覺得聽起來似乎不怎麼厲害？

悄悄告訴你，當時的泉州可是當時南宋最大的港口，各種好看的綢緞，好玩的外國新奇玩意兒，這裡都有。

在小姐16歲的時候，嫁給了趙匡胤的第十一世孫 —— 趙與駿。雖然和皇室關係遠了點，不過好歹也算是皇親國戚，妥妥的南宋白富美。

可惜好景不長，小姐17歲那年，就因為難產而死了。

哎，白富美的人生也不是一帆風順的。

小姐的父親和夫家為她準備了豐富的陪葬品，光她喜歡的衣服都有354件，包含了各種各樣面料的綾羅綢緞，還有各種好看的衣服：抹胸、圍兜、裙、褲……甚至還有荷包、香囊、衛生帶等私密小物。

你們可能會好奇，肚兜和抹胸是什麼？宋朝女孩子的內衣嗎？

答對啦。不過兩者之間是有區別的。

抹胸、肚兜雖為女子內衣，但宋代女子多穿直領對襟衣物，胸口敞開，抹胸肚兜便會直接露出。古人為了保暖養身、怕受風寒，在肚兜抹胸之外，還有一件「裏肚」。裏肚數據較抹胸短窄，現代人追求腰身，幾乎沒有人製作。

小姐的衣帽間裡就有三件約25公分、長60多公分的「圍件」，後來的人推測這應當就是裏肚。我家小姐的衣櫃裡還有許多其他的流行款式，下次跟大家介紹吧！

抹胸

在正中間打一道三角褶收省，可以容納胸部，使衣物更貼合身體曲線，也有不收省的抹胸。

【小知識】

XIAO ZHI SHI

肚兜

是指前面遮蓋、沒有後幅的內衣，不僅是婦女，小孩也會穿肚兜。

衫一襖

THE GUIDE TO THE

衫

推薦人：時尚部落客李清照

大家對我們宋朝女子的穿衣日常，實在是誤會很大。

可能是因為目前出土的文物裡面，宋代女子的上衣只有直領對襟、通裁開衩這種單一形制衫與襖，只有袖子和放量有所不同，於是大家覺得我們穿得很普通。

其實並不是這樣啦！

仔細觀察，你就會發現，街上宋朝小姐姐們所穿衣服的袖型，可謂是五花八門。

大部分衫與襖的袖型都是直袖、窄袖，但也有一些頗具特色的設計。21世紀的同袍們給它們取了些形象的名字：安徽南陵鐵拐宋墓出土的是袖根肥大、袖口極窄的蝙蝠袖（飛機袖）、福州南宋黃昇墓出土的是袖口略大於袖根的喇叭袖、茶園山宋墓出土的是極窄的羊角袖等等。總而言之，宋朝女孩子在衫襖的袖型上的選擇非常多，各種款式任你挑選。

而且我們在直領對襟的衣物上，會增加一些裝飾條，例如繡花、印金填彩或素色，這種裝飾條，我們宋人稱之為「領抹」，在市場上能輕易購得。有了這些裝飾，再也不怕出門撞衫了！

值得一提的是，我們宋代女子衣物的長短與時代的關係不大，短衫襖和長衫襖都是當時的時髦款式。但是北宋和南宋時期的衣服版型，區別很大。

北宋時期出土的女裝上衣，胸寬平鋪普遍都非常大，於是大家推測，當時可能流行寬鬆的版型。而南宋時期出土的衣服則較為合身，更加修身顯瘦。

說了這麼多，看看外面的陽光，真是「風柔日薄春猶早，夾衫乍著心情好」。

春光明媚的日子，是時候脫下襖子，換上輕薄的夾衫出門玩了！

領抹

梅雪無名考據小 tips

在少數陶俑與壁畫上，還能看見女子穿著交領衣物或圓領衣物的情況，也許這些衣物確實存在，只是目前還沒被發掘。

褙子

褙子

褙（ㄅㄟˋ）子是穿在衫襖外的第三層衣物，也是宋朝女子最常見的衣服。它的正式性介於衫襖與大袖衫之間，不管是男孩子還是女孩子，都可以大膽地穿著它出門。對男生而言它是便服，對女子而言它是常禮服，可以穿著參加祭祀和宴會。

因為其正式性，褙子經常搭配裙裝穿著，宋人稱這樣的搭配為「裙背」。

褙子的型態與衫襖是相似的，它們最大的區別就在於長度，褙子的長度大概在小腿到腳面之間，衫襖則短得多。有些宋朝的復古男孩會在腋下加上繫帶，垂而不用，認為這是仿古style。

考據小 tips：

①有人主張全緣邊的衣服才能稱得上是褙子，筆者延續沈從文、黃能馥先生的觀點，認為長至足部就是褙子。

②宋代女子因為流行衣服不加繫帶、鈕扣，所以在宋代出土的女子墓葬中，並沒有看到腋下垂帶的出現。

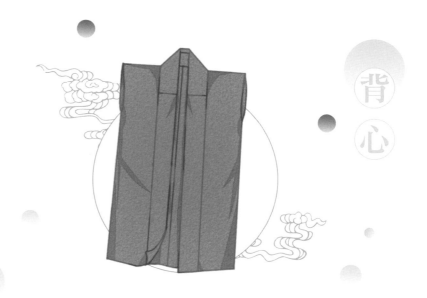

推薦人：南宋白富美黃昇

今天為大家介紹的是我非常喜愛的絲織珍品 —— 深煙色牡丹花羅背心。

宋朝的背心是穿在衫襖外的第三層衣物，男女都可以穿著，通常也是兩側開衩，直領對襟，有短袖的，也有無袖的，長短不一。到了冬天，背心更是禦寒神器，宋人記載中就有填充棉花的「棉背心」。

而這件深煙色牡丹花羅背心的特別之處，在於它竟然只有16.7克重！比起辛追奶奶那件舉世聞名的素紗襌衣，還要輕一半以上！

到底是什麼讓它如此之輕？這不得不說到一種現代已經失傳的紡織工藝 ——四經絞羅。羅，是一種非常輕薄的絲綢，用它做出來的衣服舒適清涼，當然它也價值不菲。

四經絞羅指的是將四根經絲交織在一起紡織，其中經絲不能有任何錯位跟打結，而且對相絞的次數也有嚴格的規定，紡織難度極大，所以隨著時間流逝，這種高超的技術逐漸失傳了。

這件牡丹花羅背心就是我夏天最愛的一件單品，搭配褐色羅印花褶襉裙一起穿，輕薄透氣又涼快，就連炎熱的夏天都變得沒那麼難熬了。

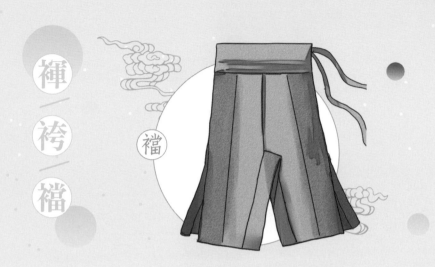

褌 袴 襠

襠

宋朝的褲子天團來了！

他們分別是褌、袴、襠三兄弟。

　　褌為合襠褲，為貼身穿著，有長褌、短褌、犢鼻褌，多為單層，和袴搭配時穿在內層。袴為開襠褲，為保暖設計，套穿於褌之外，各種厚薄都有。這些前文都有介紹。

　　而「襠」則是新鮮出道的南宋女子特色衣物，襠是合襠褲，兩旁側開且有一對褶子。「襠」只有裝飾作用，不能單穿，裡面必須套穿其他褲子，所以宋人用「襠褲」來稱呼襠與其他褲子的組合，現代商家則稱之為「宋褲」。商家的宋褲多半是漢元素服裝而非漢服，因為在穿襠褲時需要套穿兩件褲子，穿起來不太方便。商家往往把兩件褲子縫在一起，用抽繩或者鬆緊帶做褲腰。

　　天氣炎熱時，怕熱的宋朝小姐姐們也可以單穿長褌，或者內穿犢鼻褌，外穿單袴，清涼出街。

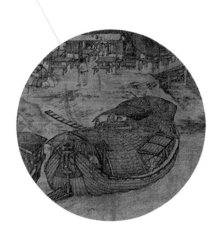

《清明上河圖》

在描寫汴京繁華景象的《清明上河圖》中，火眼金睛的小記者發現了袴的蹤影！這位女子正在船上洗衣服，洗完的袴就直接晾在了船頂，也忒不講究了！

XIAO ZHI SHI

《六書故》：「襠，窮袴也，今以袴有當而旁開者為襠。」

百迭裙

作為宋朝時尚潮人，你一定要有一件漂亮的小裙子！

　　百迭裙是中間打滿褶子，兩邊留有光面（裙門）的一片式裙子，裙頭長短隨意，可以僅合圍露出內搭的襠褲與短裙；也可以裙身交疊，將褲子遮掩起來；還有一種前短後長的百迭裙，可以將裙擺拖曳在地上。百迭裙中間的褶寬1釐米到4釐米不等，大小變化隨意，褶子用順褶或工字褶都可以，隨著個人喜好可以任意變化。

　　毫無疑問的宋朝明星款式，上至宮廷貴婦，下到市井平民，大家都愛穿。

　　時尚百搭，就選它！

百迭裙

三襴裙

　　三襴（ㄐㄧㄢˇ）裙是大唐流行風尚的延續，在宋代僅有周氏墓出土過一條；裙子由四個長方形裁片拼接而成，中間打三個褶子，所以稱為三襴裙。裙子透過收褶與褶子上端縫合，達到裙身上窄下寬的效果。

　　交窬裙（二破）主要流行於北宋，採用兩個直角梯形拼合，裙子僅能合圍，需搭配褲子、短裙穿著。

三

襴

裙

旋裙（兩片裙）

推薦人：南宋白富美黃昇

兩片裙是南宋白富美黃昇最愛的款式，光從黃昇墓中就出土了
18 條。

部分學者認為這是文獻中所說的「旋裙」，當時京城的妓女為了騎驢方便，所以
製作了前後開胯的旋裙。

兩片裙的兩個裙片疊合，裙頭縫合，裙身相離，確實符合前後開胯的特徵。

兩片裙分為大擺與小擺兩種製作方式。大擺的兩片裙由四個直角梯形兩兩相拼
而成，拼接處有收省，小擺的兩片裙則是長方形減去一角，成為五邊形，在拼接處
一樣有收省，使裙子能貼合臀部曲線。而窄擺的兩片裙，裙片周邊常緣飾花邊，因
此也經常被稱為「花邊裙」。

宋朝男子穿衣層次

宋朝

下半身

褌——袴——裙

CHUAN YI CENG CI

上半身

抱腹——衫—襖——男式褙子——
裌（丂ㄨㄟˊ）袍—襴（ㄌㄢˊ）袍

我買了一件最近流行的魏晉風衣服，
魏晉風到底是什麼風格呢？

關注問題　（寫回答）　（邀請回答）　添加評論 分享 檢舉

查看全部答案

　　魏晉風漢元素套裝，通常是交領上衣，褶裙外罩一件唐制大袖衫，老實說現代人參考的魏晉畫作多為宋摹本，宋人繪的男子罩在裙衫之外的第三層衣物，很可能就是褙子。現代人誤以為是魏晉人物的穿搭，其實很可能是宋代男子穿著衫裙，搭配褙子的形象。

圓領袍

HAN FENG NI
CHANG

推薦人：不愛洗澡的王安石

不好意思，因為我這個人生性率直，不修邊幅，所以衣服總是……呃……不太整潔。

自從我為官以後，穿的多是圓領袍。圓領袍是唐代男子最主流的衣物，宋代也延續著唐代的習慣，我的衣櫃裡就有幾件樣式差不多的圓領袍。

圓領袍比褙子正式，其中開衩的袍服在宋代被稱為「袢（ㄅㄨㄟˋ）袍」，是宋朝官們員私下場合穿著的服飾。

至於上班打卡覲見皇上，自然得穿正式點兒，這時我就會穿「襴袍」。宋朝的公服，也繼承了唐代的款式特點，發展出了大袖。它的特點是圓領大襟、不開衩，下接橫襴，比袢袍顯得更加正式，被稱為「襴袍」。一般搭配襆（ㄆㄨˊ）頭（通常是展腳襆頭）、革帶、靴或革履。

簡單地說，就是平時在家穿袢袍，上班的時候穿襴袍。

因為不愛換衣服、不愛洗澡，#王安石不愛洗澡#這事還不小心上了熱搜，引起了不少誤會。我不修邊幅是因為我經常通宵達旦地讀書，為了讀書廢寢忘食，才不是出門鬼混去了！

不說了，我的好朋友韓維剛發訊息來，邀請我去寺裡聊（洗）天（澡），我得趕緊去赴約，回頭見！

◆ ◆ ◆

<big>敲黑板！</big>古代的常服、朝服、公服都有特定的意思。

常服：指的是在「常朝」時穿的禮儀性服飾，不是日常穿著的意思。

朝服：又稱為「具服」，是古代在大祀、慶成、正旦、冬至、聖節及頒詔開讀、進表、傳制等重大典禮時使用的禮服。

公服：從北魏北齊至明朝的品官在早晚朝奏事、侍班、謝恩、見辭時所穿的一種官服，後改為只在初一、十五朝省時穿。因為比朝服省略了許多繁瑣的掛佩，所以公服又稱「從省服」。唐宋時，庶人可以穿公服舉行婚禮。

褾袍其實可以細分成左右開衩與前後開衩兩種。左右開衩的褾袍從唐代缺胯袍繼承發展而來，微妙的是目前宋代並沒有看到明確的實物出土，不過在諸多的繪畫與陶俑中，都能看到它的存在。

文／明戈

李清照

穿搭
日記

1.

「昨兒的雨也太大了。」少女一邊梳妝一邊抱怨。

「小姐，您昨晚都要打醉拳了還知道下雨呢？」丫鬟一邊捲起門簾一邊打趣。

少女嬌嗔地一跺腳：「我可是大家閨秀，咋可能呢，沒有的事。小翠，我院子裡種的海棠怎麼樣了？」

丫鬟隨口答道：「還不是老樣子。」

少女走過去，輕輕倚在門框邊，嘴角勾起一絲笑意。

「昨夜雨疏風驟，濃睡不消殘酒，試問捲簾人，卻道海棠依舊。知否？知否？應是綠肥紅瘦。」

丫鬟拍了拍手：「厲害啊您，您不應該叫李清照，應該叫福爾摩照。」

抬頭只見李清照已經換好了衣服。她身穿淺綠抹胸，蔥白銀邊短衫襖，搭配鵝

黃三襴裙，一頭青絲挽成流蘇髻。

外面滿地狼藉，盡是蕭條清冷的意味。可當她走進院子裡時，卻如同早春三月一株靈動的花，散發著朝氣與活力，點亮了整個畫面。

「小姐，您也太會穿了吧……」丫鬟眼冒小心心。

李清照嫣然一笑：「選擇袖根肥大、袖口極窄的蝙蝠袖，完美藏住『拜拜肉』，採用裙掩衣的穿法，在視覺上大大拉伸身高，顯腿長。衣服的顏色搭配整體要和諧，鵝黃、蔥綠、月白，都是屬於春天的顏色。」

「厲害！實在是厲害。小姐，那您下午就穿這身去和閨蜜划船嗎？」

「自然不能。划船要講究運動和輕便，上身得穿短衫，下身也要換成長褲和輕便的裙子。」

「小姐，您一個大家閨秀穿這麼運動風幹嘛？」

李清照調皮地一眨眼：「自是要爭渡爭渡，去嚇那群鷗鷺。哦對了，衣服顏色的飽和度也要高一點。」

丫鬟：「這個我知道！為了讓您從姐妹裡脫穎而出！豔壓她們！」

李清照：「非也。萬一我落水了，方便別人來救我。」

時間過得很快，不知不覺間到了元宵節。

這天，李清照剛進家門，就看見丫鬟迎上來壓低了聲音耳語道：「小姐，今晚相國寺有花燈會，要不要偷偷溜出去參加？」

「罷了，我今夜要挑燈夜讀。」李清照正色。

「可我聽說有好多帥氣哥哥……」

「我燈壞了。花燈會幾點開始？」

俗話說得好。有才華的不可怕，就怕她還會穿搭。

墨綠暗竹紋抹胸，搭配蔥白百迭裙，走起路來搖曳生姿。外面搭一件繡著細小花紋的月白色綾襖，充滿設計感。

「怎麼樣？」李清照轉了個圈，衣衫飄動，髮髻的流蘇微微搖晃。

「直角肩，楊柳腰，還腹有詩書，小姐『殺』我！」

李清照面頰微微泛紅：「就你會吹彩虹屁。」

燈會果然熱鬧非凡，人頭攢動。一眾花裡胡哨的穿搭中，李清照顯得尤為清新脫俗。

突然，一雙骨節分明的手拍了拍她的肩。李清照一回頭，只見一個面容乾乾淨淨的男子，正嘴角帶笑地望著她。

巧的是這男子裡面也穿一件長衫，外面是件月白色褙子，只不過腋下多了兩條繫帶。

李清照來回打量著他，絲毫沒發現自己目光過於直接。倒是男子有些不好意思了，微微把頭別開：「李小姐你好，我叫趙明誠。」

李清照這時才反應過來自己有些失態，臉「騰」地一下子紅了。

「真巧，竟然穿了情侶衫。」男子看她反應可愛，不禁失笑。

李清照臉更紅了。

「……別亂說。」

「素聞李小姐詩詞歌賦俱佳，乃我大宋第一才女，在下傾慕已久。今日一見，才發現衣品也如此之好。」

「你也不差嘛。」

李清照偷偷抬起頭來望向趙明誠，沒發覺自己眼裡滿是星河。

打這次見面後，趙明誠便是茶飯不思，一心想娶這位又酷又有才的小姐姐。為此，還特意謊稱自己夢到一首詩，然後讓父親幫忙解夢。

「言與司合，安上已脫，芝芙草拔。」

父親大驚——「吾兒是要得一能文詞婦也。」那李清照，怕不是自己命中註定的兒媳婦啊！

喏，腹有詩書氣自華，人有佳態攝魂魄。

李清照小課堂：有才又會穿，在玩耍的同時，你還能順便收穫一個帥氣的老公。

別人結婚都發福，但李清照作為一個會穿搭的才女，即使結了婚也依舊嚴格保持著自己纖瘦的身材，所以妹子們還是拿她當風向標。

關於這件事還鬧出過一個笑話。

某天李清照上街溜達，突然看見街邊一個老者賣《古金石考》。李清照找這古書找了好久，正好今天遇到了，這不是巧了嗎！

正當她要掏錢買，卻發現自己只帶了十兩銀子。再一問老者，這本書價值三十兩。

「姑娘啊，實在對不住，我這不講價。」

「那我明天再來買行嗎？」

「我今晚就要回老家了。姑娘，看來你和這本書無緣。」

李清照一咬牙。

「你等我！」

過了十分鐘，只見她只穿著單衣就回來了。

「我把我限量版的褙子當了，來，給你錢。」

說罷她高高興興地抱著書走了。

她是開心了，別人不知道怎麼回事啊。於是第二天頭條變成了——

#不穿褙子新風尚#

#1101年！單衣外穿年！#

不過幸好李清照本尊出來闢謠，這股潮流才被壓下去。①

5.

好景不長，二人的太平日子沒過多久，趙明誠就因為工作需要被調到外地了。

① 根據《古今石考》故事改編。

一對新婚夫婦聚少離多，又都是搞文藝的，那怎麼表達自己的思念呢？

寫詞吧。

也就是在這個時候，李清照的那首《醉花陰》橫空出世。

「莫道不消魂，簾卷西風，人比黃花瘦。」

作為一個情感部落客，為了煽情什麼話說不出來，好一個人比黃花瘦！

李清照是寫爽了，趙明誠可心疼瘋了。

自己老婆太慘了，這得瘦成什麼樣啊。

這天李清照正開開心心當肥宅，邊吃邊喝聽小曲，只見丫鬟匆匆忙忙跑進來。

「夫人！老爺回來了！」

完蛋。

最近吃胖了能有五公斤，這可怎麼辦。李清照連忙跑去衣櫃前，慌張地挑起來。

五分鐘後，李清照走出屋子，竟真是瘦若黃花，丫鬟都看傻了。

只見她身穿一條淺藍色兩片裙，外套一件寬大的藏藍色對襟衫，上面暗繡著一道道的豎條紋，纖弱地倚在門口。

丫鬟驚呼：「您怎麼了？」

李清照壓低了聲音：「裙子遮大腿肉，深壓淺弱化胯寬，廓形深色大衣拉伸身材比例，豎條紋視覺顯瘦。」

丫鬟拍手：「瑞思拜！」

6.

李清照微微一笑：「穿搭部落客不是白當的，頭條給姐安排上。」

「怎麼寫？」

「莫道不消魂，簾卷西風，你穿，你也瘦。」

緊跟潮流，宋代的時尚爆款

SHISHANG
潮流
CHAO
LIU

　　說到時髦程度，宋朝可是絲毫不比唐朝低。在經歷了唐代的繁榮積累後，宋代可謂是歷史長河中，人民生活幸福感爆棚的時代。雖然大家有時會打趣說「宋朝小市民」，但是宋代在生活上的藝術造詣絕對是不容小覷的。這其中很大的一個原因，大概就是宋代擁有完善的高福利體系，只有在生存壓力相對不那麼大的情況下，才能孕育出各個階層的「時髦先鋒」。

魚驚石 01

魚驚石，又叫魚晶石、魚鮁（ㄙㄢˇ）。在宋朝常被做成「魚枕冠」，是較為常見的飾品。可惜由於難以保存，並沒有流傳於世，甚至連圖像資料都沒有。目前也只有從蘇軾的《魚枕冠頌》中窺見其一二了。

耳飾 02

以耳飾在宋朝潮流界的地位，「白富美」出嫁時自然少不了它！

長6.7釐米，重3.3克。1985年漕河鎮羅州城遺址窖藏出土。墜部自上至下依次為帶瓣蓮蓬、荷葉、蓮花、花瓶、鯉魚、荷葉、刀形吊飾。蘄春縣博物館藏。

宋代耳墜

金帔墜 03

金帔墜，這名字一聽就很容易讓人想到什麼？對！就是「鳳冠霞帔」中的霞帔。金帔墜就是霞帔末端的壓腳，只有特賜的命婦才有資格擁有。所以白富美們佩戴它們出嫁，絕對會榮升街坊鄰居話題Top1。

滿池嬌紋金帔墜
東陽博物館藏

夫妻和睦，官運亨通。

樣大多是指蓮花鴛鴦各在一邊，也寓意

結婚嘛，自然要圖好彩頭。滿池嬌的紋

金帔墜大多數是水滴形，也有圓形。

看完了前面的潮流配飾，再來看看宋朝時尚界流行的金釧。金釧為戴在手腕上的裝飾品，金釧和金鋌一樣也分為單環或多環，單環的叫做「鐲」。

金 釧 04

　　金釧，也就是金鐲，在宋朝早期也是流行的配飾，穿戴保養相對容易，又不會像金細絲一樣太容易變形。另外一個優點就是，紋樣相對更多。雖然大多數是以牡丹為重心，不過輔花也能看出製作者的心思有多奇巧啦。

金 鋜 05

宋　卷草文金釧

宋朝白富美結婚，也得有『三金』。

吳自牧《夢粱錄》中記載：『且論聘禮，富貴之家當備三金送之，則金釧、金鋜、金帔墜者是也。若鋪席宅舍，或無金器，以銀鍍代之。』

前面我們已經介紹過，金釧是手鐲，帔墜是掛在霞帔底部保持平展的小墜子，金鋜（ㄓㄨㄛˊ）則是腳鐲。作為一名宋朝白富美，當然從頭到腳都要精緻了！

宋　弦紋金指鋜

花冠 66

　　宋朝白富美，一定要有一頂屬於自己的花冠！

　　地位較低的女性，一般佩戴的是花冠，即是用鮮花編織而成的冠飾。到了明清，宋朝流行的花冠，就變成我們熟悉的鳳冠啦。

　　不過規格最高的龍鳳冠，只有太后、皇后這種級別才有資格佩戴。龍鳳冠的製作極其複雜，冠上幾乎全部綴滿珍珠，無數的珍珠編成游龍形狀，用小珠編成一個個小人像。

宋仁宗后坐像　絹本
臺北博物館館藏

　　又到了首飾潮流總結環節！總的來說，宋朝的首飾潮流與唐朝相比差距不大，只是在唐代的繁榮之上，宋代又向前更進一步。感興趣的小夥伴可以在課後深入瞭解一下。

Da
大
2i
氣
Hua
華
Shang
裳

第四章

· · ·

歡迎來到大明女孩最愛的購物一條街。

近些日子，各家服裝店都有新貨上架。百搭的衫襖、時髦的披風、織金馬面

裙……過來瞧一瞧，看一看，總有你喜歡的款式。

若是覺得過於單調，珠光寶氣的首飾買起來吧。

狄髻頭面，是大明貴婦的選擇。如果你預算不多，可以看看各式各樣的簪子。

逛完購物一條街，包你滿載而歸！

明朝女子穿衣層次

雲肩通袖襴

膝襴

馬面裙

底襴

下半身

4 褌

5 袴

6 裙

文／載酒行舟

1.

　　這個月的薪水剛拿到手，你正打算給自己買點衣服時不幸陷入昏迷，醒來後發現自己竟然擁有了從書中取出所繪物品的超能力，並隨超能力贈送給你一本印刷精美的《大明服飾合集》。

　　旁邊一名衣著華麗的婦人告訴你，輪到你去宮裡參加「海選」了。火速分析完自己的處境之後，你得出結論 —— 看來是穿越了。依據那婦人的話，你推斷出自己正在入宮和不入宮之間猶豫，你選擇：

A. 入宮 —— 跳轉 2

B. 不入宮 —— 跳轉 3

2.

在電視臺看了那麼多宮鬥劇，還是頭一次有實踐的機會，你當即決定入宮，自信以自己二十一世紀的眼界和老天所贈的「金手指」，必定能在這大明的後宮中佔據一席之地。你一改之前的態度決定入宮，經過層層篩選，終於殺進了決賽，今日你將第一次面見陛下，宮人對你耳提面命，告訴你種種禮儀和規矩，你覺得：

> A. 第一次見面當然越鄭重越好 —— 跳轉 4

> B. 簡單點，換裝的方式簡單點 —— 跳轉 10

3.

你認為自己在二十一世紀並未修煉出玲瓏心竅，倘若入了宮恐怕會被宮鬥小能手們玩死，乾脆以染病為由留在家中。古代女子生活艱難，你想要活得滋潤，必須要有自己的產業。思慮再三，你決定充分利用老天爺賞的「金手指」，在古代開一家引領時代潮流的服裝鋪子。你的經營路線是：

> A. 專賣當時沒有的新潮衣服，以求一鳴驚人 —— 跳轉 5

> B. 跟風當時的流行服飾，穩妥為上 —— 跳轉 8

4.

為了表達自己對皇帝的尊重與敬愛，你穿上了自己最華麗的衣服，穿上後顯得你更加美豔動人，但也遭到了不少人的白眼。皇上雖然讓你入了宮，但一直對你敬而遠之。為了挽回聖心，你決定：

> A. 討好皇上寵愛的妃嬪 —— 跳轉 6

> B. 收買皇帝身邊的太監 —— 跳轉 7

○・ 結局 𝒜
――達成成就：平凡的一生

你以女子之身在男尊女卑的明朝做生意，一方面一人精力有限，另一方面你也擔心自己生意做大被人盯上，你決定守好自己這一家店鋪就好。你最終通過店鋪的收入實現了車厘子自由，不幸的是車厘子此時尚未傳入中國，你只有小櫻桃可以吃。

○・ 結局 ℬ
――達成成就：人生贏家

除了女裝之外，男裝也是服飾行業中的一大市場。你潛心研讀明朝有關服飾的法律，將合乎規定且新穎的款式投入市場，不出三年便成為男裝行業的佼佼者，成為曾經競爭對手面前的一座大山。

○・ 結局 𝒞
――達成成就：「你已經引起了我的注意！」

皇宮後苑偶遇，向來是宮鬥文中妃子吸引皇帝注意力的必要手段，只要衣服不出問題，皇帝在散心時遇到美人在側，總會給一個好臉色。恭喜你，你已經實現了宮鬥至關重要的一步：「愛妃，你已經成功吸引了朕的注意力。」接下來只需謹言慎行就好。

○・ 結局 𝒟
――達成成就：搭配參謀

你這次不僅不能在衣著上出錯，還要豔壓別的妃子，讓皇帝對你留下印象。經過數日的觀察，你為求穩妥，沒有改變衣服樣式，而是在色彩搭配上下功夫，決定多採用高級又柔和的莫蘭迪色系。沒想到你的裝束沒引起皇上的注意，反而令皇后對你有了些興趣，從此你變成了皇后娘娘身邊的「得力參謀」，經常幫皇后參考搭配。

衫／襖

推薦人

百年傳承李氏
裁縫鋪掌櫃

　　這位小娘子，走過路過不要錯過，我們裁縫鋪又上架了不少新潮款式的衣服，包你穿上豔壓眾人！

　　想要挑選一件合適您身材的衫子嗎？咱們店裡裁縫手藝好，各種各樣的領襟款式任你挑選。您可以先看看領子款式：直領、圓領、豎領您比較喜歡哪種？選好領子款式以後，再看看您喜歡大襟還是對襟。

　　明初的時候直領對襟短衫襖交穿比較流行，直領大襟短衫襖也不錯。若您生活在明朝中後期，想跟上時尚潮流，就得選長一些的襖子。這時候南方還流行直領大襟的中長衫襖，北方已經開始流行豎領了。

　　我們很多生活在崇禎時期的顧客，都喜歡長達一百二三十釐米的衫襖，這時候裙子幾乎只能露個邊，如果您想展現裙子的花紋，切記不要選這麼長的衫子。

　　另外，明代衫襖流行收袪的袖子，現代俗稱琵琶袖，如果需要窄袖也需要訂製哦！

　　總之您記住，明朝的流行服飾是隨著時代變化而不斷變化的，想選到自己心儀的衫襖，需要提前做好功課哦！

明制服飾

舉手提問，明朝的小姐姐們不穿方領衫襖嗎？

關注問題　寫回答　邀請回答　添加評論 分享 檢舉

查看全部答案

　　定陵有出土疑似方領對襟衫襖，因為出土衣物太過殘破，其他墓葬並未發現相同形制，只有出土方領對襟比甲，因而被懷疑修復的可信度，但因為定陵出土的方領對襟衣物數量眾多，所以目前仍有不少商家在製作。

直領大襟

直領對襟

圓領大襟

圓領對襟

豎領大襟

豎領對襟

比 甲

剛開張的蘇氏
裁縫鋪掌櫃

比甲

上架啦！上架啦！來看看我們家新做的比甲吧！

比甲，也就是背心，有圓領、方領、直領、豎領，無袖或短袖等多種組合款式，多數是通裁開衩，一年四季都能穿。

在衫襖的外面，套一件精美的比甲，你就是精緻的大明女孩。

比甲的長度是跟著衫襖的長度而變化的，如果是長衫襖呢，可以找我們訂製長比甲。訂製服務，包你滿意。

如果您想買一件禦寒的比甲，我們家也有。普通比甲一年四季都能穿，而這種通袖長度在120~160釐米之間，有禦寒功能的比甲呢，也可以叫「披襖」，混著叫沒關係，沒看到潘金蓮喊著李瓶兒幫忙拿件「披襖子」過來，等到大家把衣服穿好出門街逛花燈，蘭陵笑笑生就說眾人穿的是「比甲」了。這就像是羽絨服（披襖）與外套（比甲）的關係，一個表述的是禦寒功能，一個說的是形制。

開業促銷，限時折扣，購買兩件比甲還能打折，小姐姐不進來看一眼嗎？

披風

推 薦 人

京城老王家
裁縫鋪掌櫃

直領對襟披風

最近被隔壁新開張的裁縫鋪搶了不少生意，呸，真討厭。

說起這披風，本來是男裝，不過到了明朝中後期，很多女孩子都喜歡穿它。它的特點是直領對襟，半領，通裁開衩，直袖或大袖。

披風是穿在衫襖外的第三層衣物，領子一般是固定的設計，繫帶或玉花扣繫結，看您比較喜歡哪種？

您覺得這披風太素雅，想要一些緣飾？誒，披風一般是便服，普遍沒有緣飾的，有邊緣的那種是氅衣。您要是想要富麗堂皇一點兒的，可以選這件帶花鳥紋的披風。

披風通袖長度一般略短於衫襖，內層衣物的袖子會自然露出一截，有一種混搭疊穿的Style。

這種披風男女都能穿，您選一件帶給您男朋友也不錯呀！一般來說，男子披風穿於道袍之外，女子披風穿於長衫襖之外。不過因為女子穿著披風的時代較晚，所以披風不宜搭配短衫襖。

記住啦，晚明女子三件套：長襖、披風、馬面裙，一件好的披風真的很重要！

氅 衣

李氏氅衣
專營店掌櫃

我們李氏裁縫鋪家大業大，在各地都有不少專營店，我們家就是專門訂製鶴氅的。

這氅衣又稱鶴氅，文人穿著鶴氅的文字記錄，魏晉時已有，只是不知道它具體是什麼樣子，也有宋代氅衣的圖畫資料傳世，有明確的文物要到明代。

原本氅衣是男子穿的服飾，後來也有不少女子穿起了它。不得不說，大明女孩從男朋友的衣櫃裡搶了不少衣服。

我們明朝流行的氅衣大概有兩種，一種就是袖子部分下緣不縫合用披的氅衣，類似現代道士穿的衣服；另一種為有袖子的氅衣。直領對襟、大袖敞口或直袖，衣服四周全緣邊。

氅衣一般不開衩，如果您想要訂製開衩的氅衣，記得給掌櫃留言。

您問這氅衣什麼時候穿比較好？其實它就是一件外套，禦寒神器就是它。總之，買了不虧！

鞠 衣

J U Y I

推 薦 人

久居深宮的
萬貴妃

據小tips
梅雪無名考

寧靖王夫人吳氏的鞠衣是目前唯一出土的鞠衣實物，其上半部分為圓領大襟，下擺則用十二片直角梯形拼接而成，裁片為全幅布對角斜裁。

　　我衣帽間裡的衣服，普通人也沒資格穿。就拿這鞠衣舉例吧，它是古代王后六服之一，九嬪及卿妻也都能穿，屬深衣制的禮服。皇后穿紅色，上面有雲龍紋，郡王妃、郡主穿青色，紋樣根據品級而不同。

　　鞠衣一般不單穿，它套在衫襖、褶子（四袄襖子）之外，外面可以再穿一件大衫搭配霞帔。

　　每當我看到那些精美的衣服時，我不由得感歎，有錢人的生活就是這麼枯燥無趣。

大衫霞帔

推薦人

皇家深宮坊
發言人周氏

霞帔

大衫

大衫霞帔是明代命婦的禮服，尤其是鳳冠，只有皇后、皇妃才能戴。

大明貴婦範兒，說的就是它。

作為有品級規定的衣服，自然不是你想要什麼樣子就什麼樣子啦。在明朝，各品級對應的顏色紋樣有嚴格的規定。比如皇后冠服，大衫用黃色，絲紗羅隨便用。霞帔為深青色，織金雲霞龍文。

皇妃與親王妃冠服則是衫用紅色，霞帔是深青色，織金雲霞鳳文。

郡王妃冠服也是大紅色衫衣，霞帔以深青為質，金繡雲霞翟文。

如果你投胎到了平民百姓家，你這輩子唯一一次穿大衫霞帔的機會，可能就是在自己的婚禮小小地「僭越」一下了。好好珍惜這次機會吧！

琵琶袖

圓領袍

推薦人

皇家製衣坊
發言人周氏

　　歡迎再次來到大明服飾頻道。這次出場的是歷史悠久又廣受歡迎的圓領袍。圓領袍是明代冠服，圓領大襟，通裁開衩，男袍有外擺，女袍則有褶擺，長度應垂至腳面。

　　明朝是一個等級規定比較完善的時代，不同品級官員、命婦使用不同等級的補子[①]，而為常服（綴有補子的也可以稱作「補服」）。

　　還有一種圓領袍，前後衣身及兩肩上，飾有不同題材填充而成的通肩柿蒂紋，下擺部分也會加上膝襴，俗稱通袖袍。依據填充的紋樣題材不同，又可再分為蟒袍、飛魚袍、鬥牛袍、麒麟袍等。

　　女裝禮服裡的霞帔，對外命婦來說，按制度原本是搭配在大衫之外（大衫內穿著圓領袍），後來也出現過省略大衫，直接以圓領袍搭配霞帔的情形。

　　想要訂製圓領袍的朋友，帶著你們的品級官位資料到我這兒報名，不接待無品級的庶民，望周知。

①明清時期，官服胸前或者後背圓形或者方形織物。

馬面裙

推 薦 人
—————
百年傳承李氏
裁縫鋪掌櫃

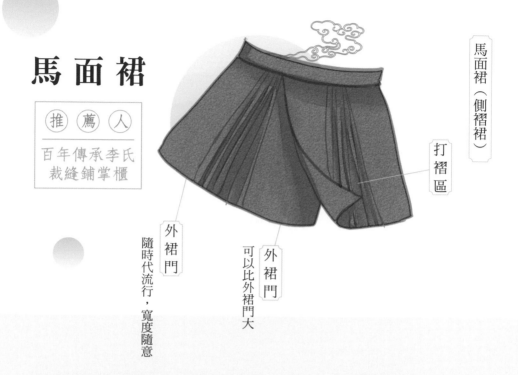

馬面裙（側褶裙）

打褶區

外裙門
可以比外裙門大

外裙門
隨時代流行，寬度隨意

新鮮出爐的雲鳳麒麟馬面裙，小娘子來看看嗎？

馬面裙又叫側褶裙，其於兩側打合抱褶，前後各有一段光面，叫做「裙門」，或稱為「馬面」。馬面裙為兩片共裙腰，共四裙門的結構，一般認為由宋代兩片裙演變而來，穿著後由於前後交疊，只會看到兩個馬面。

大明女孩的衣櫃裡，不能沒有一件精緻的馬面裙！

明代馬面裙用橫向帶狀裝飾，我們稱為「襴」，襴有單雙之分，單襴多半只有底；而若為雙襴，膝普遍較寬，底較窄。

我們店裡大部分馬面裙都是寬膝的裙子，搭配短衫或者長衫都行。現代比較流行的那種寬底的裙子，在我們這兒流行得比較晚，可以搭配長衫穿著。

滿褶裙

推薦人

百年傳承李氏
裁縫鋪掌櫃

　　如果姑娘您穿膩了馬面裙，也可以考慮考慮比較小眾的滿褶裙，出門不容易撞
衫。

　　滿褶裙雖然也是兩聯式的結構，但是並沒有裙門，而是整件裙子打滿褶子。

　　比較明確的滿褶裙文物有定陵出土的絹黃大褶裙，兩片裙身都打滿了順褶，一
起固定在裙上。據推測也有使用貼裡褶子製作的滿褶裙。

　　如果您覺得這種滿褶裙形制存疑，尚有不少沒考據清楚的地方，我們這兒也有
不少時興款式的馬面裙供您挑選，這邊請！

明朝男子穿衣層次

CHU   CI

上半身

1

開衫

2

襯袍（貼裡）或 襯衫

＋主服（道袍 or 直身）

3

氅衣 / 披風

下半身

4

襯褲

5

襯裙（子）

推薦人：百年傳承李氏裁縫鋪掌櫃 　　衫/襖

如果您想給男朋友買衣服，我們這兒也有不少款式可供挑選。

首先，您需要添置一件男式衫襖。

衫襖為男子第一二層衣物，第一層為汗衫，第二層則是用來保暖。庶民會單穿衫襖，而士大夫主要穿袍，衫襖是穿在袍服底下的。您可以根據自己對象的身份來購買。

男子衫襖，有直領大襟、直領對襟、豎領大襟、豎領對襟、圓領對襟等形態，款式很多，看您比較喜歡哪種。其中明代劉鑒墓出土的豎領大襟短衫，是女裝所沒有的形制。

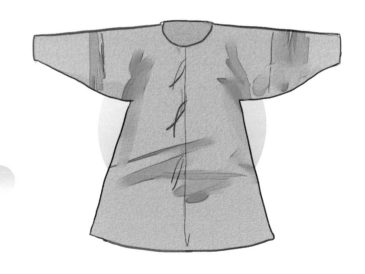

直身 *DAQIHUASHANHG*

　　直身的結構為直領大襟，大袖收口，衣身通裁，於兩側開衩，接雙擺在外。為士人百姓日常正裝，也可以穿在圓領袍等其他袍服之下。

直身

直身兩側有擺，且擺在外部。

　　道袍開始流行於隆慶、萬曆年間，是明代晚期最具代表性的文人服飾之一，上至皇帝，下及庶民，都很喜歡穿。其結構為直領大襟，大袖收口，衣身於兩側開衩，有內擺。

道袍

道袍有擺，而且擺在內部。

直裰目前比較有共識的定義是，直領大襟，兩側開衩，而無接襴的通裁長衣。直裰一詞本由僧侶服飾而來，後來文人也跟著穿著，其後進入平民百姓的服飾體系。一說僧侶的直裰本來的樣貌是下接裙裳的分裁服飾，目前仍保留在日本的僧人服飾中。明代的直裰大抵指交領長衣，也有主張認為直裰因為其便服性質，適合庶民百姓穿著，所以只有窄袖而無大袖。

直裰

貼 裡

　　貼裡起源於蒙古，是蒙古語「有褶子的袍子」的意思，其上衣與下裳分裁後縫合，上衣為交領，下裳由兩聯構成，在裳的腰部打褶，或用細小順褶，或用工褶。

　　明代受到元代服飾的影響，上至宮廷下至平民百姓，經常會穿貼裡。貼裡除了單穿，也可以穿在袍內或褡護之下，可以說是非常百搭了。

貼裡

飛魚服

錦衣衛

錦衣衛穿的飛魚服太帥了，怎麼才能穿上它呢？

關注問題　　寫回答　　邀請回答　　添加評論　分享　檢舉

查看全部答案

　　首先你需要弄清楚的是，飛魚服是一種紋樣，不是形制。飛魚服屬明朝四大賜服當中的一種，並不是只有錦衣衛才能穿的哦。除了飛魚服之外，麒麟服、鬥牛服和蟒服也是明代賜服，其中蟒服的等級是最高的，僅次於皇帝的龍袍。為了穿上精美紋樣的衣服，奮鬥吧少年！

曳撒

曳撒（裵撒）起源於蒙古。雖為蒙古人民的發明，但在進入明代後，成為錦衣衛及武官的常見服飾。

可以說，威風凜凜的錦衣衛形象，離不開充滿異域風情的帥氣衣服曳撒。

其上身為直領大襟，前襟與下身分裁，而後身通裁不裁斷，下半部為類似馬面裙的結構，正中央有裙門但開衩在兩側，兩旁左右有擺。衣身常飾有雲肩通袖與膝，上用麒麟紋、飛魚紋等。

外擺

曳撒

貼裡和曳撒的區別

DAQIHUASHANG

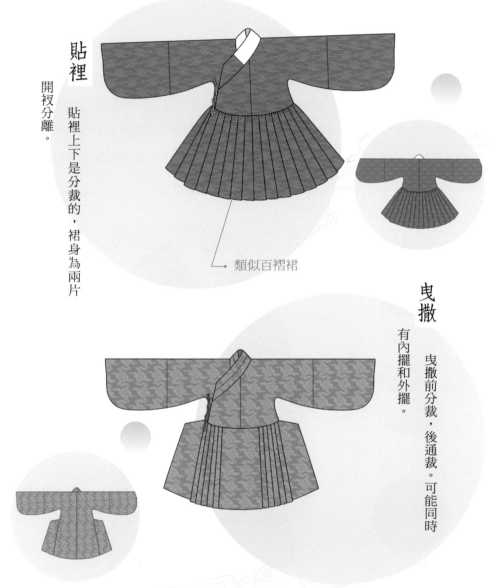

貼裡

貼裡上下是分裁的，裙身為兩片開衩分離。

類似百褶裙

曳撒

曳撒前分裁，後通裁。可能同時有內擺和外擺。

兩者最大的區別是外擺的有無，以及衣身背後是否有褶子。

褡 護

褡護

• • •

　　褡護為蒙古音譯，最初指的是一種半袖皮衣。但據元明實物與圖像資料，褡護後來不僅有皮質的，還有其他材質，成了當時一種時髦的「背心」。

　　褡護為直領大襟，原本是兩側開衩，後發展出外擺。明代男子通常穿在直身之外，或者作為圓領袍的內襯衣物。

嚮往飛魚服的大明男孩

作為一名有志向的大明男孩，你努力地考科舉，想要升職加薪，迎娶白富美，從而⋯⋯可以穿上紋樣精美的各種補服。

在明朝，只有達官貴人才有資格把各種禽獸的補子繡到衣服上，這是你高貴身份的象徵。

不同職能、等級的官員朝服上的補子又有所不同：文官繡飛禽，寓意文采飛揚；武將繡瑞獸，代表驍勇英猛。

比如一品文官的補子圖案是仙鶴，傳說三國名臣費禕仙逝後乘著仙鶴登仙而去，遊覽四方，所以仙鶴能代表永生，是生死之間的引路鳥。而一品武將繡的是麒

麟獸，比喻德才兼備的人，旨在勉勵武將修身養性，文武雙全。

　　一隻鳥、一隻獸都能有這麼多的文化內涵，那如果有一個動物可以兼顧飛禽與走獸，集萬千祥瑞於一身，是不是特別威風？一點也沒錯，說到這裡，就不能不提最受歡迎的大明服飾紋樣之一──飛魚紋。

　　明代的服飾多半運用織金、妝花、繡花等工藝，而飛魚紋是其中非常受歡迎的紋樣。

　　飛魚這名字雖說聽著平平無奇，但絕非只是條會飛的魚那麼簡單，它的來歷可不一般。據《名義考》載，飛魚不僅身上的花紋花裡胡哨、花花綠綠，而且體型巨大，能乘風而行，飛得特別遠特別高，牌面完全不輸給《逍遙遊》裡的鯤鵬。

　　明朝飛魚服的紋樣就更猛了，是在龍形上加魚鰭、魚尾稍作變化而成的，所以叫「飛龍」可能比「飛魚」更合適一些。裝飾有飛魚紋樣的各形制衣服，便被統稱為「飛魚服」。

　　在古代，龍是九五之尊的皇帝專用的，能和龍扯上關係，肯定非同小可，所以飛魚服不是誰都能穿的。

　　明代對衣著的管理格外嚴苛，活在明朝，飯可以亂吃，衣服不能亂穿。明朝皇帝對它的穿著群體有相當嚴格的規定，天順二年，規定官民的衣服不得用蟒龍、飛魚、大鵬等。到了弘治十三年，皇帝甚至下令，公、侯、伯爵位和文武官員如果違例穿飛魚服，也要治以重罪。

　　那麼都有哪些人可以穿飛魚服呢？

　　首先它是皇帝直屬機構錦衣衛的公服，《明史·輿服志》記載：「嘉靖八年，更定百官祭服……獨錦衣衛堂上官，大紅蟒衣，飛魚，烏紗帽，鸞帶，佩繡春刀。」

　　除此以外，飛魚服還是明朝的一種賜服，也就是皇帝賞給有功之臣的衣服。它

的尊貴性僅次於蟒服，因此能被賜予飛魚服的都是明朝的強人。比如明朝中期的內閣首輔高拱，曾一度在內閣呼風喚雨，但他在考中進士奮鬥二十一年後，才獲得了人生中的第一件飛魚服。

明朝真有人因為飛魚服差點搞出人命。嘉靖十六年，兵部尚書張瓚穿了件蟒服，嘉靖很生氣，後果很嚴重，他對內閣學士夏言說：「尚書就是個二品官，怎麼能穿蟒服啊？」

夏言說：「人家穿的是您賞賜的飛魚服，長得像蟒服罷了。」

但嘉靖反駁道，飛魚哪有兩隻角？皇帝就是任性，他不要你覺得，他要他覺得，所以一氣之下，嘉靖乾脆讓禮部把文武官員隨意穿蟒衣、飛魚服、鬥牛服的權利都撤銷了。

可能是由於明朝前期對穿衣規定了太多條條框框，到了中後期，亂穿飛魚服的僭越現象非常嚴重，各種史料、小說都有表現。

比如《金瓶梅》裡有這麼一段，說西門慶官任山東提刑所千戶的時候，內府將太監何沂的姪子何壽新派給西門慶當副手，何沂為了讓西門慶對姪子多關照，給他送了一身飛魚綠絨氅衣。西門大官人雖然豔名永垂千古，但只不過是個五品官，也沒立過什麼大功，按理說連飛魚服的衣角都抓不著，可他偏偏就穿了。

《醒世姻緣傳》裡還有珍哥穿飛魚圖案衣服的記錄。西門慶怎麼說也是個有編制的官員，珍哥卻只是晁家的一名小妾，原先是個唱戲的，竟然也穿上了尊貴的飛魚紋衣料。

那時富商違例穿飛魚紋衣服的現象也比比皆是。要知道，明朝一直奉行重農抑商原則，商人的地位還不如普通百姓。庶民可以穿綢子、素紗、絹這些衣料，商人再有錢，也只有穿絹和布的資格。

　　明代中後期，經濟的發展對封建禮教造成了很強的衝擊，富商巨賈們爭相去穿曾經的「禁服」，想要借此提高自己的社會地位，裝點一下有錢人樸實無華且枯燥的生活。

　　也正是在這一時期，官場貪墨橫行、暴虐成風，佞臣汙吏肆意魚肉百姓，「錦衣衛」和「飛魚服」成了人們心中猙獰奸惡的代表。

　　飛魚不是簡單的一種服飾紋樣，刻在它那炫目多彩紋樣裡的，是一個封建王朝的制度規範、盛衰榮辱。

明代貴婦的  百寶箱

文 清嘉

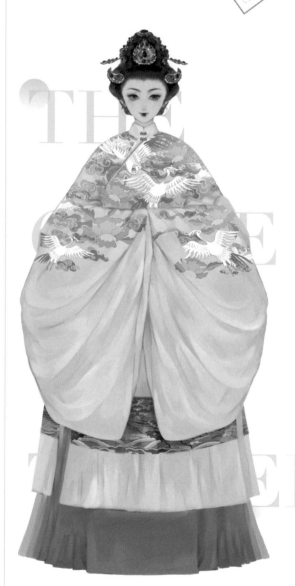

小時候看古裝劇，除了被各路仙女的神仙顏值吸引，最關注的就是主角們髮髻上華麗的簪釵了——誰小時候還沒個髮夾別滿頭的經歷呢！

隨著這幾年各大劇組開始對「服化道」上心，各類古裝劇的服飾也算是慢慢走上正軌。除了清宮劇，以往較少出現在螢幕上的明代劇也開始嶄露頭角。

在明朝，不僅髮飾奢華，貴婦們還流行用簪釵將鬏（ㄅㄧˋ）髻插滿——可見當時女性對簪釵的重視程度。那麼今天我們就來一起看一看明代貴婦們的首飾「百寶箱」！

小型簪

·洪武時期貴婦偏愛 *Top1*

戚家山俞通源墓出土的牡丹形金簪

這是 1978 年南京中華門外，戚家山俞通源墓出土的牡丹形金簪，長約 14 cm，簪首寬 10.5 cm，簪針為扁平狀。其中簪頂用薄金片錘疊出兩重牡丹花片後，再用金絲纏繞連接。花瓣與葉子均有鏨（ㄗㄢˋ）刻出的細線紋。

打開洪武時期的明代首飾盒 —— 你會發現，她們的髮簪簪身短小，樣式相對簡潔。而且為了響應朱元璋倡導的儉樸生活作風，金銀簪也比較少。

鑲寶金頭面

・永樂至萬曆時期貴婦最愛 *Top1*

　　與洪武時期截然不同，永樂時期貴婦的首飾盒可謂是珠光寶氣——這個時候的明代社會趨於安定，經濟穩步發展。貴婦們強悍的經濟實力，為明代「奢侈品」行業做出了不可磨滅的貢獻。除此之外，簪釵更是成了階級地位的象徵。

　　《明史》中《志第四十三・輿服三》記載：「正德元年，令軍民婦女不許用銷金衣服、帳幔、寶石首飾、鐲釧。」可見這的確是貴婦專屬的無硝煙「戰場」呀！而要贏得這場戰役，單獨的簪釵實在是有點寒酸，一定要來點全套的頭面。

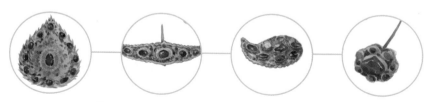

鑲寶石火焰紋金頂簪[①]　　鑲寶石鳳紋金分心　　鑲寶石雲形金掩鬢　　鑲寶石蓮花金簪

①祁海寧. 南京江寧將軍山明代沐斌夫人梅氏墓發掘簡報 [J]. 文物 (5),2014：45-49

頭面

・明代貴婦的時尚 Tips

特權能戴珠寶，我們當然要積極利用起來！

有些小姐妹擔心穿金戴銀顯俗氣，別怕，跟著我們的攻略戴這一套頭面，出門的時候那叫一個豔壓群芳、氣質出塵。

首先要強調一下，在較為隆重的場合，姐妹們，聽我的，一定要帶髮髻！髮量告急的姐妹們，請用圓錐或者圓塔狀的髮罩攏住頭髮！當然我建議髮量夠的也這麼做，畢竟，頭髮丟失了就回不來了……

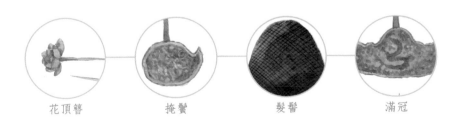

花頂簪　　掩鬢　　髮髻　　滿冠

頭面

・明代貴婦的時尚 *Tips*

　　只要照著買，你就是整條街最富貴逼人的崽！頭面最頂上的一定是「挑心」，正面中間位置的一般戴「分心」。劃一下重點哈！分心的背面才是滿冠，一定記住滿冠是戴在腦後，千萬別戴反了鬧笑話。

　　至於左右兩邊的簪子種類，不做限制，姐妹們可以根據自己的想像，隨意發揮！想富貴一些的，我強烈建議金累絲鳳簪可以來一套！

樓閣人物簪

・天啟年間到明代末年的貴婦 _Top 1_

明桃形樓閣人物金簪　江陰博物館藏

這時期，佛道、神仙題材更加流行。

　　看慣了塵世的富貴浮華，此時的貴婦們開始偏愛有些仙風道骨風韻的簪釵。其中亭臺樓閣廟宇之類的設計元素也開始出現，不由讓人歎為觀止，果然只有想不到，沒有做不到啊！

我們的明代簪釵「百寶箱」遊覽到此結束啦！
新的一年，戴上最美的簪釵，去和姐妹們一起出街玩耍呀。

文 ／ 瑤 華

穿越到明朝開婚
服店，要準備多
少套行頭？

官員篇

作為一個穿越到明朝的婚紗店主，我選擇了人傑地靈的江南，並依靠主角「金手指」，成功地開了一家婚服店。不過，要經歷納采、問名、納吉、納徵、請期、親迎這「六禮」的古人，肯定不能像現代人那樣穿婚紗和燕尾服了，那我該準備哪些婚服呢？

趕緊翻開書本查一查，可這一串「爵弁（ㄅㄧㄢˋ）玄端」、「純衣纁」、「纖幪褗衣」看暈了我，到底是「紅男綠女」，還是「男女深絳」？我只知道除了皇帝、皇后穿戴的袞冕服、褘衣和九龍四鳳冠外，官員、士人和庶民結婚的服飾是各有不同。唉，還是去實地考察一下吧！

「年少朱衣馬上郎，春闈第一姓名香，泥金帖貯黃金屋，種玉人歸白玉堂」。今天辦婚事的這一家，新郎是年輕有為的官員，新娘也出身官宦人家。在這樣的喜事上，新郎要戴「簪花」烏紗帽，穿大紅圓領袍，胸背綴本品級補子，身上還要「披紅掛彩」──就是將紅綢交叉披在身上，真是喜氣洋洋啊！

男子官員婚服 DAQIHUASHANHG

首服

袍服

足服

配件

穿越到明朝開婚
服店，要準備多
少套行頭？

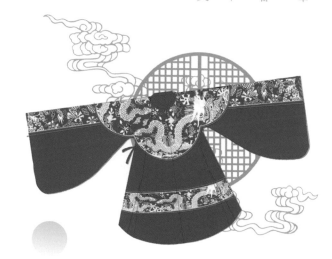

　　新娘則穿戴自己品級的命婦服飾，必不可少的是戴在頭上的翟冠和披在肩上的霞帔，這是明代后妃、命婦的禮服裝束，也是明代官宦人家新娘的標配。就比如今天這位新娘，她的夫君是七品官員，她的品級標準禮服是「冠花釵三樹，兩博鬢，三鈿；翟衣三等，烏角帶……衣銷金小雜花霞帔，生色畫絹起花妝飾，鍍金銀墜子」。真是規定得太細緻了。

　　這翟冠，也有不少講究，不同品級的翟冠上的裝飾有較為嚴格的規定。以一品命婦的「五翟冠」為例：「一品，冠用金事件，珠翟五個，珠牡丹開頭二個，珠半開三個，翠雲二十四片，翠牡丹葉一十八片，翠口圈一副，上帶金寶鈿花八個，金翟二個，口銜珠結二個。」這個戴上去，大概對頸椎的考驗不小！七品官員的新娘，不僅翟冠的珠翟減少為二個，也不能用珠牡丹，要用月桂，上面的裝飾也要改用銀製。

　　在喜娘的吉祥話裡，新娘裝扮好了，頭戴鳳冠、肩披霞帔，身穿大紅通袖袍、大紅長裙、紅色繡花鞋，頭罩一塊繡有五蝠捧壽或者百子登科等吉祥圖案的紅色方形巾帕——也就是蓋頭，擋住了好事者的窺視，也有祈福的寓意。

女子命婦婚服 *DAQIHUASHANHG*

方形蓋頭

配件

霞帔

袍服

足服

明代鳳冠

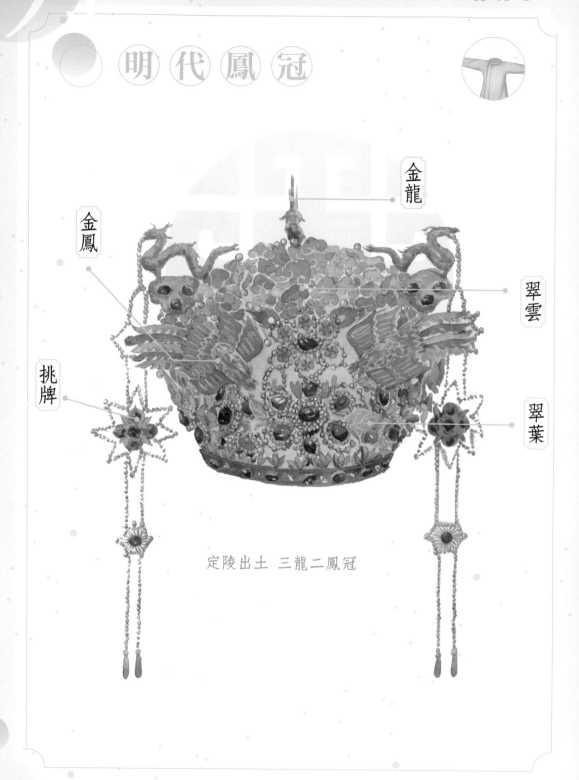

金龍

金鳳

翠雲

翠葉

挑牌

定陵出土 三龍二鳳冠

霞帔樣式

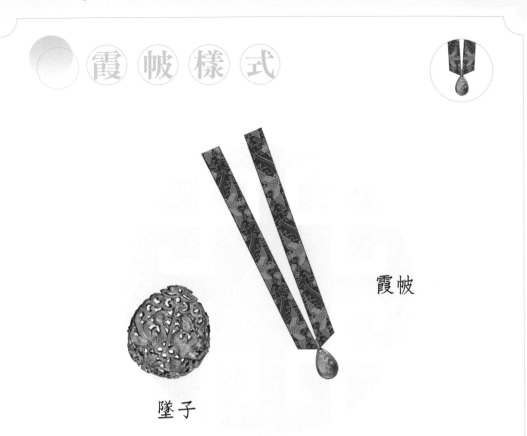

霞帔

墜子

品級服飾中還有「墜子」，這個是項鍊還是耳墜呢？都不是，它是和霞帔配套使用的。霞帔像是現代的披肩，區別在於它是錦緞製成，質地較輕，為了讓它垂下，尾端墜有帔墜。

文／瑤華

穿越到明朝開婚
服店，要準備多
少套行頭？

平民篇

我的客戶可能有很多是平民，他們的婚服同樣也要先備好。在明代，「攝盛」制
度允許婚嫁時平民穿著九品命婦之服，所以普通人家的新娘也可以「僭越」穿戴上
九品官員標準的翟冠霞帔。此外，新娘還會穿大紅通袖袍或真紅大袖衫、官綠馬面
裙、紅蓋頭和紅繡鞋。生員、舉人婚禮多穿青圓領袍，簪花，披紅，著皂靴。生員
也可以穿襴衫，普通平民婚禮則多穿道袍。

平民男子婚服

首服

袍服

根據攟芳主人主張繪製

平民女子婚服 *DAQIHUASHANHG*

方形蓋頭

袍服

霞帔

足服

在瞭解了基本的需求後，我很快就接了新生意。比如今天結婚的這一家，出身書香門第，但男方還沒有考取功名，新郎穿「青線絹圓領、藍線絹襯擺」，簪花掛紅那是必須要準備的，新娘的裝束是「大紅妝花吉服、官綠妝花繡裙，環佩七事」（參考《醒世姻緣傳》）。

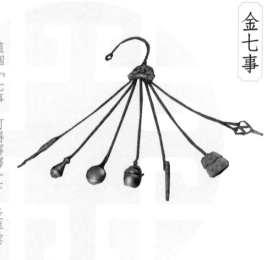

金七事

這個「七事」可得解釋一下，是祥雲、花果等形狀的金牌飾下面綴著的七條金鏈，每條下面綴著一個裝飾用的墜物，質地有金、銀、玉等，掛在胸前叫「墜領」，掛在裙腰稱「七事」。有的「七事」是方勝、葫蘆一類的吉祥物，還有的是小剪刀、小荷包等日用品，大概是希望新娘做個賢惠的主婦吧！

看到新娘對另一家置辦的「大紅紵絲麒麟通袖袍兒，素光銀帶，文王百子錦袄」流露出羨慕的神色，看來那家的新郎已經考中了功名，她回家要好好督促自己的丈夫讀書了。

不過，我也從同行那裡瞭解到，雖然明初制定的服制等級分明，少見僭越，但後期有錢人越來越愛炫富，庶民婚服也不再遵循規範，只要能夠負擔得起，就盡可能地裝飾奢華。不僅料子可以用錦緞，紋樣也可以使用織金、鑲嵌珠翠、刺繡等多種裝飾，乃至模仿官員、命婦的服飾，不再去被憲典束縛，反而是官員被束手束腳不敢僭越。

古代

古代
網
美
部
落
客
安
利

WANG MEI
BU LUO KE

◆ ◆ ◆ ◆

【大將軍梁冀之妻】
東漢美妝部落客孫壽

個性簽名：對不起，長得好看就是可以為所欲為。

你可能對孫壽這個名字不太熟悉，但在東漢時期，她可是著名的網美部落客，粉絲無數。《後漢書》中說她「作愁眉，啼妝，墮馬髻，折腰步，齲齒笑，以為媚惑」。

當時流行把眉毛畫得細而曲折，好像在皺眉一般，然後在眼睛下方塗抹一些陰影，好像哭過的淚痕，而這，就是影響了東漢所有少女審美的「愁眉啼妝」。

可只化妝是不夠的，美人們還需要一個完美的髮型。孫壽發明了「墮馬髻」——故意將髮髻歪到一邊，彷彿騎馬之後頭髮自然散落的樣子。走路還要「走貓步」，整個人一副嬌滴滴弱不禁風的模樣，再配上似笑非笑的「齲齒笑」，實在是太美太魅惑了。於是人人都效仿她的妝容，形成了一股「哭哭啼啼柔弱美少女」的潮流。

這位外表柔弱的美女部落客，性格是不是也溫柔如水呢？其實，柔弱的外表只是她的人設罷了。

事實上，這位將軍夫人相當彪悍，曾帶著眾多奴僕暴打老公梁冀的情婦，逼得在朝廷中飛揚跋扈的大將軍跪地求饒。沒想到吧，梁大將軍竟是個「妻管嚴」！

梁冀長期把持朝廷，在朝中安插親信，貪污腐敗的事情沒少幹，終於遭到漢桓帝的清算，最終夫妻二人一起畏罪自殺，自此孫壽引發的潮流才告一段落。

◆ ◆ ◆ ◆

【南朝梁元帝蕭繹正妻】

半 面 妝 發 明 人 徐 妃

個 性 簽 名：皇 帝 來 了？快 幫 我 把 半 邊 的 粉 抹 掉！

徐妃是南朝梁元帝的妃子徐昭佩的別名，她出生於名門，是南齊太尉的孫女，南梁將軍徐緄的女兒，後來嫁給了當時還是湘東王的蕭繹。蕭繹是個藝術家，精通書畫，文化造詣相當高，後來還登基當了皇帝，可以說是天選之子了。唯一的缺憾是他是個「獨眼龍」，早年因病瞎了一隻眼睛。

兩人結婚之後，夫妻感情一直不太好。每當徐昭佩聽說蕭繹要來找自己，便化上著名的「半面妝」故意噁心蕭繹。

蕭繹見了果然很生氣，怒氣沖沖地責問徐妃：「你為何總是只化一半的妝，把自己搞成這副模樣？」

徐妃聽了很淡定：「這半面妝配獨眼龍倒是正好。」

蕭繹怒氣值＋1000，憤而離開。

除了化半面妝噁心蕭繹外，徐妃還非常愛喝酒，喝醉了還往蕭繹身上吐。三番五次之後，蕭繹再也受不了她的「作」，逐漸疏遠了她。獨守空閨的徐妃愈發苦悶，整日借酒消愁，沒事就跟後宮的其他妃子嘮嗑。後宮的生活實在無趣，百無聊賴之下，徐妃便看上了朝中的「小鮮肉」季江，留下了「徐娘雖老，猶尚多情」的典故。

蕭繹頭上的綠帽戴得如此明顯，之前他看在兒子蕭方等的面子上沒有計較，可太清三年，蕭方等帶兵出征，戰敗後溺水而亡。蕭繹趁此逼徐妃自殺，最終徐妃投井而亡。

雖然徐妃的半面妝非常有名，在當時屬引領時尚的妝容，卻因為效果過於驚悚，只能用於驚嚇討厭的人，所以沒有引起大範圍的效仿。

　　本報記者張萱發來了一張虢國夫人的最新街拍，讓我們來一起看看現在最近風頭強勁的大唐風尚吧！

　　注意到領頭的黑衣「男子」了嗎？放大看，你會發現「他」長得眉清目秀，面龐圓潤，長得像一名女子，關於「他」的性別小記者還在爭論中。

《虢國夫人遊春圖》

街拍的中心，是兩名貴族打扮的夫人。兩人都穿著盛唐時期流行的帔帛，梳著「墮馬髻」，粉絲們都猜測這就是虢國夫人姊妹。不過也有粉絲指認，那位身著男裝，走在前面的女子，她才是真正的虢國夫人。

　　虢國夫人是寵妃楊玉環的三姐，同時也是大唐的「素顏女神」，別人化妝是為了美顏，她卻怕脂粉遮住了自己的美貌，索性只畫眉毛素顏出門，引領了一股「裸妝」風潮。

【南唐國后·李煜妻子】
時尚達人周娥皇

個性簽名：這一曲琵琶，為你奏響。

最近出門上街的時候，有沒有發現街上多了許多髮髻高聳的少女？

在南唐時尚icon大周后的帶領下，「高髻纖裳」和「首翹鬢朵」等造型風靡一時，引來南唐少女們的爭相效仿。

到底這個神秘的高髻髮型是什麼模樣？其實高髻在唐朝就已流行，在時尚記者周昉發來的時尚大片《簪花仕女圖》中，我們能一睹它的神秘風采。畫面左端的貴夫人髮髻高大，上插牡丹花一枝，髻前飾時下流行的玉步搖，正是高髻的髮型。不過有些學者認為，《簪花仕女圖》頭上的牡丹花，是宋人補繪的。

如果髮量不夠，可以考慮用假髮代替，說不定下一個唐朝時尚達人就是你了呢！

《簪花仕女圖》

◆ ◆ ◆ ◆

【 魏 晉 玄 學 達 人 】
美 容 達 人 何 晏

個性簽名：請不要過分關注我的容貌，我的文章也寫得不錯。

　　美容達人何晏是曹操的養子，容貌俊美，皮膚細膩，深受當時少女們的歡迎。由於他長得實在是太白了，魏明帝懷疑他偷偷擦了粉，於是在盛夏時故意賜他熱湯麵吃。不一會兒，何晏吃得大汗淋漓，拿起衣服擦自己臉上的汗，沒想到擦完以後臉顯得更白了。這便是「傅粉何郎」的由來。

　　天生麗質的美容達人何晏，近日透露了自己的美容秘方：「吃了五石散以後，不僅明目治病，精神也好多了。」

　　不僅如此，五石散還有美白的功效，於是在人人愛美的魏晉時期，五石散成了貴族們養顏美容的標配，吃不起五石散的貧苦人士，還會袒胸露腹躺在街頭，裝作是吃了五石散的模樣。

　　五石散雖好，毒性卻很大，本報記者溫馨提醒，不要為了美麗得不償失哦！

【唐朝知名度最高的貴妃】

大唐時尚 icon 楊貴妃

個性簽名：回眸一笑百媚生，六宮粉黛無顏色。

作為一名精緻的唐朝美人，就連出汗都是精緻的。

《開元天寶遺事八卦週刊》報道過，夏日天氣炎熱，每次我出汗的時候，都出的是香氣濃郁的紅汗。

偷偷告訴你們，這是因為我在平時塗抹身體的香粉中，加入了朱紅的胭脂，這樣製成的身體乳，不僅有美白的效果，還能滋潤肌膚，一舉兩得。

除開抹身體乳，去角質也是護膚必不可少的一環。在這裡，要給大家推薦一款便宜好用的去角質神器——益母草灰，每週去一次角質，再抹上特製的護膚乳，你也能擁有天然嬌嫩的肌膚！

歷代口紅流行款

妝容・大賞

不管是哪個朝代的女孩子，都需要一支屬於自己的口紅。

　古代女子的唇妝大多數都是以自然唇形為主，普遍流行「櫻桃小口」。本欄目小記者經過多方打探，邀請到部分時尚 idol，為大家展示當時某款流行唇妝。

　切記不可以偏概全哦！

漢朝

漢朝流行簡潔樸素的妝容，唇妝方面『漢梯形』獨領風騷。它的畫法很簡單，首先將嘴唇染成粉色，然後上唇點圓，下唇則畫成梯形。

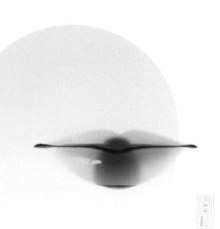

漢梯形

魏晉

魏晉流行櫻桃小口，這種妝容有點兒類似我們今天的『咬唇妝』，唇妝並不會鋪滿。

櫻桃小口唇妝

潮流口系

唐朝

唐朝時期依然流行櫻桃小口，只是多了許多複雜的花樣。上下兩片花瓣唇，合起來時像一隻翩翩起舞的蝴蝶，顯得唇形精緻又玲瓏。

蝴蝶唇妝

宋朝

唐朝時期依然流行櫻桃小口，只是多了許多複雜的花樣。上下兩片花瓣唇，合起來時像一隻翩翩起舞的蝴蝶，顯得唇形精緻又玲瓏。

橢圓唇妝

潮流口紅・專欄

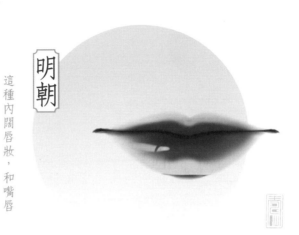

明朝

為清晰。

的輪廓相近，邊緣輪廓則較

這種內闊唇妝，和嘴唇

內闊唇妝

清朝

清朝的花瓣唇妝，畫起來並不簡

單。首先需要用粉色的唇膏打底，上

嘴唇塗滿口紅，下嘴唇則畫出橢圓小

花瓣的形狀，你學會了嗎？

花瓣唇妝

唐朝美妝部落客的個人修養

文 / 空城煙火

小山重疊金明滅，鬢雲欲度香腮雪。懶起畫蛾眉，弄妝梳洗遲。

照花前後鏡，花面交相映。新帖繡羅襦，雙雙金鷓鴣。

溫庭筠的《菩薩蠻》以細緻的筆觸，飽蘸柔情地描寫了一位唐代美妝部落客的日常工作。該美妝部落客背後的公司邀請了大咖溫庭筠參與其包裝、推廣，使得她名噪一時。

但是大浪淘沙，她的名字已經被忘記，空留下這闋詞，向後人展現著當時美妝部落客梳妝打扮的場景。

唐代的美妝部落客們，可以說是用生命在追求美，其事業心可歌可泣。

眾所周知，鉛粉是有毒的，而唐朝美人們每次化妝的第一個步驟，就是在臉上敷上厚厚的一層鉛粉來打底。

鉛粉的遮瑕效果想必是立竿見影的，在《水滸傳》中，武松逃跑時，孫二娘還用鉛粉給武松塗面，將其扮作行者模樣。

盛唐著名美妝部落客@牡丹Juliana說，每個女孩梳粧檯上都應該有一盒品質上乘的鉛粉。

除此之外，胭脂也是必備單品，李煜有詩云：

林花謝了春紅，太匆匆，無奈朝來寒雨晚來風。

胭脂淚，相留醉，幾時重，自是人生長恨水長東。

可以說用對了胭脂，淚流滿面也一樣好看。

在唐代，想要成為一名受歡迎的美妝部落客，提升描眉

技術也是必修課。單就眉妝畫得好這一項，就能為自己圈粉無數。

眉筆也分三六九等，其中最貴的一種叫螺黛。

螺黛是古代婦女用來畫眉的一種青墨色礦物顏料，出自波斯國，每顆值十金，一般都是宮人所用，民間的有錢人家才用得起。

唐代著名美妝部落客@臘梅Angel表示：眉毛畫得好，老公回家早。她後來嫁給了一個叫朱慶餘的書生。後者曾寫下「妝罷低聲問夫婿，畫眉深淺入時無」。

平民出身的女孩可以選擇物美價廉的銅黛。

銅黛化學名叫鹼式碳酸銅，翠綠色，作為畫眉的顏料，極易得。噴水在銅表面上，過一段時間就會長出銅綠，用刀刮下來就可以用了，但是有微毒。

@臘梅Angel的閨蜜，除了美妝部落客還兼任平面模特的豐滿型青春美少女@秋菊Sweety表示：「我寧可用著銅黛笑，也不想用著螺黛哭。」

不少粉絲為秋菊小姐姐如此正的三觀打call，但是還有一部分路人表示，用著螺黛的自己是捨不得哭的。

唐代的美妝部落客們一度效仿時尚教主上官婉兒，給自己貼上了花鈿。

花鈿是一種額頭上的裝飾品，有一種說法是由上官昭容所發明，而上官昭容就是上官婉兒。

相傳當年她撩武則天的男寵張昌宗，武則天大怒，取金刀劃傷她的額頭。為掩飾額上的傷痕，上官婉兒就自己做了花鈿貼在額上，這樣看起來卻更加嫵媚動人，於是妃嬪宮女紛紛仿效，花鈿也因此流傳開來。

當然，美妝部落客們一樣熱衷於買口紅。

唐朝詩人劉希夷的《相和歌辭·採桑》中說道：「紅臉耀明珠，絳唇含白玉。」由此我們可以看出口紅對化妝的重要性。

女作家孟暉的《私語口脂香》中描述了唐代口紅的萬種風情：

那時的口紅，稱「口脂」，也叫「唇膏」或「檀膏」；那時的口紅，不僅有

色，兼而有香，所以「朱唇未動，先覺口脂香」；那時的口紅，還特別容易褪落。

於是美妝部落客們各顯神通，腦洞大開，發明了「口紅的72種塗法」。

今日長安熱門話題：

還在塗櫻桃小口嗎？你 out 啦，快來看看網紅妹子們玩出了什麼新花樣

這兩種蝴蝶唇風靡長安，@ 翠竹 Jessie 妹子手把手教你塗

添加評論　分享　檢舉 …

上面這些化妝品，除了個別名貴且稀少的品種外，大部分在唐代工藝已經成熟，形成了完整的產業鏈。有專門種花、採香料的農戶，也有專門生產化妝品的作坊。

因此，在唐代，尤其是盛唐，美妝部落客是受人尊敬、收入頗豐的職業。

在那個放飛夢想的時代，哪怕你不夠豐腴，只要相信自己是最棒的，你也可以成為一名日進斗金的美妝部落客。

◇◇ 唐朝美妝部落客化妝七步驟 ◇◇

第一步

先來個磨皮式鉛粉打底。

第二步

少量多次給臉頰暈上胭脂，是否
能擁有少女感腮紅就靠這步啦！

第三步

用黛粉描出「蛾眉」（友情提示：畫這種
「唐範」的眉妝要先把眉毛剃掉，想嘗試
的小姐姐真的需要勇氣）。

唐朝美妝部落客化妝 7 步驟

第四步

貼花鈿。相信很多小姐姐都嚮往
過對鏡貼花鈿吧！讓你充滿古典
美人韻味的神器可不要錯過。

第五步

臉頰處點上兩點，也就是點面靨
（一ㄢ丶）。

第六步

在太陽穴的兩邊各畫上一個紅月
牙，稱為「描斜紅」。

第七步

塗唇脂（口紅），唐朝以櫻桃唇
和花朵唇最為流行。

妝造復原大賞
ZHUANG ZAO FU YUAN DA SHANG

模特：@我不是小馨

攝影：@十睿·CHEN

參考 @洛梅笙 資料

唐
朝

Tang Dynasty

宋朝

明
朝

Ming Dynasty

潮流漢風

THE

GUIDE

TO

TRAVEL

第 六 章

當傳統服飾遇上現代配飾

文／蚵蚵

　　若是漢服沒有斷代，發展到現在會是什麼樣子呢？雖然答案我們無法知曉，但可以在傳統服飾得以存續的少數地域中探得一二。

　　我常常驚歎於鄰國服飾愛好者的巧思，在標誌性輪廓的基礎之上，是他們天馬行空的想法。「他山之石，可以攻玉。」多年之前，我就在嘗試漢服與現代配飾的搭配可能，在此簡單分享。

絲巾　項間一抹亮色

　　起初將絲巾用於漢服搭配是一個巧合——

　　去年夏天，我偶得了一條棕色系的棋盤格紋古董方巾，上面綴滿了白薔薇，滿眼都是復古氣息和柔和的絲質光澤。

　　絲巾的搶眼，在於其繁複的花紋和大膽的色彩，在平淡的穿著搭配裡，它就是點睛之筆。

　　那個時候我想單穿一件方領半袖配裙，但空落落的脖子總讓人覺得頭輕腳重，不大自在。於是我隨手拿來那條絲巾，圍在方領的內側，疊出交領的樣子，上身一瞧，竟覺得效果不錯。就這樣，我就像一個懵懵懂懂的小孩，一頭撞開了另一個方寸世界的大門。

　　自此我便放開了膽子。日
常的漢服裝扮並沒有那麼多條
條框框，除了自己，別人也並
不會給你太多關注。於是我開
始買各類絲巾：純色的、印花
的、棉質的、緞面的……讓我
一眼驚豔的，一定得收入麾下。

◐ 絲巾的搭配

A b o u t   S i l k   S c a r f

　　以致於後來，當友人從土耳其給我發來一張當地絲巾的照片時，我的第
一反應竟是「啊！這條可以搭配我那件墨綠灑金的半袖」，並囑咐其千萬要
買下。

　　若是有人問起內搭，你看，這不就是裡面穿了假交領打底的樣子嗎！

　　當然，當絲巾遇上漢服時，產生的火花可遠遠不止內搭一種。隨意地把它披在肩上，或挽在頸間，有時候偽裝成飄帶也會有奇妙的效果。在冬日裡換上暖和的羊絨圍巾，也是道不一樣的風景。

帽飾 性格賦予靈感

我嘗試過許多種帽子與漢服的搭配：夏天的草帽、冬天的貝雷帽……後來又一腳踏進古董帽飾的深坑。

帽子往往不是必需品，但因為這一頂帽子的獨特性，可能會提升整套搭配的整體性：

清爽的藍白配色讓人聯想到鹹鹹的海水氣味，藏藍短衫和白紗裙是夏日好伴侶；點綴著蕾絲的草帽帶來甜蜜的氣息，是春夏時節公園裡的田園風；紗質飄帶更顯服裝的輕盈飄逸，與歐根紗馬面裙有著極高的相配度；若是一本正經戴上毛線帽 —— 對不起，那可能真的是太冷了，我得裹緊我身上的羊絨襖子。

不囿於時間和空間，只看你想要什麼風格，或是想傳達的想法。

在接觸到古董帽飾後，我驚歎於那些經歷時間洗禮，卻依然精細無比的設計和工藝。然而，心頭好往往難得，可那些經過時間沉澱的氣質、細微之處的裝飾，一定能帶來搭配上的靈感，無論是漢服還是時裝。

陽傘

撐起生活氣息

　　不知幾時起，我執著於穿漢服一定得配油紙傘，奈何油紙傘不敵晴天的高溫，只得重新投入普通陽傘的懷抱。在嘗試了幾次之後，竟有了意想不到的效果。

　　相比於折疊傘，我更鍾愛長柄傘，往手臂上一掛，晃晃悠悠之間，產生了一股英倫紳士感，讓人想起《雨中曲》中的場景。

　　這種小直徑的陽傘是我最喜歡的，它們大多產自日本，我曾見過許多穿著和服的姑娘們撐著，充滿了生活的氣息。若是遇上巧妙的搭配，更是驚豔。

　　白底紅波點的陽傘，是我收集的傘中最百搭的一把，活潑可愛又自帶柔光

效果。夏日炎炎中我喜歡跳躍的色彩，彷彿各種水果氣泡水，咕嚕咕嚕冒著泡泡，在陽光下閃著光。湖藍色的波點裙、流黃色的折領短衫，再加上茶紅色的抹胸，傘上的紅波點與其呼應，雖都是亮色，卻有著微妙的平衡。

　　橙紅色的歐根緞裙配上白色對襟衫，我覺得稍顯平淡，於是用一把淺藍色格子傘作為搭配，形成反差，格子中的橙色細線又與下裙的顏色一致，竟也合適。

　　不抵觸現代產物，反而與之有著良好的適應性，我想，這就是傳統服飾的包容度。

　　一千個人眼中，有漢服存在的一千種方式。而我在探索的，是如何讓漢服融進現代生活中 —— 在正式場合與禮服之外，日常生活中可以穿著它嗎？會不會被認為是奇裝異服？如何克服心理上的障礙？

　　或許一些現代的日常小物可以給你答案。我不要複雜的髮髻，不用滿頭的珠翠，只像與平時一樣簡裝出門，穿著漢服行走於陽光之下。

圖文／我不是小馨

精緻的大明女孩，衣櫃裡一定少不了一件比甲。

比甲 篇

圓領比甲

從明代早期到晚期，比甲的長度越來越長。

領型上，明早期多為方領，而晚期最常見的是直領，至明末清初，也有圓領出現，可以根據自己生活的時代和喜好來選擇比甲的款式。不過太長的方領比甲，可能是走錯了片場哦！選購的時候一定要小心。

方領比甲

　　時髦的女孩子們知道，用縱向線條分隔衣物可以在視覺上達到顯瘦的效果，明朝時也是如此，在衫子外面搭一件色彩和諧、面料考究的比甲，可以讓人看起來更顯瘦。

　　顯瘦就是王道！難怪比甲成為了明朝時尚女孩的最愛。

　　《金瓶梅》裡的時尚女孩也愛穿比甲，比如龐春梅是「頭戴銀絲雲髻兒，白線挑衫兒，桃紅裙子，藍紗比甲兒」；潘金蓮是「白銀條紗衫兒，銀紅比甲，蜜合色紗挑線縷金拖泥裙子」。不管穿哪件衣服出門，比甲都是你搭配中不可或缺的時尚單品。

比甲穿搭

披肩，也叫雲肩，是從隋朝發展而來的一種衣服裝飾，最開始只是衣服上的紋樣，到晚明時則變成可以穿戴在衣領上它作為裝飾。到了清代，雲肩成為人人都愛的時尚單品，歲時節令或婚嫁時都會穿上它作為裝飾。

披肩的形式多為四合如意形，也有條帶形。它一般做成兩層八片垂雲，每片雲子上或刺繡花鳥草蟲，或刺繡戲文故事。

霞帔

霞帔不僅僅只穿戴在嫁衣上，
它還是命婦的禮服的一部分，
是身份的象徵。

披風

長衫＋披風

天氣漸涼的時候，大明女孩的衣櫃裡一定少不了一件擋風的披風。

明朝時期，由於大明女孩喜歡包住頸部的款式，於是紐扣開始在衣服上被廣泛地應用起來，披風也不例外。有錢的小姐姐可以考慮玉花扣或金銀紐扣，穿上立刻顯得雍容高貴。

通袖袍

《金瓶梅》中，西門慶給自己的妻妾們做衣服，妾是「每人做件妝花通袖袍兒，一套遍地錦衣服」，正妻則是「兩套大紅通袖遍地錦袍兒，四套妝花衣服」。

在明代，花樣繁複又精緻的通袖袍，只有大戶人家才穿得起。

在大明富婆的衣櫃裡，你肯定能看到一兩件通袖袍。而嫁給官員的明朝新娘們，也會穿著真紅大袍，也就是大紅色的圓領通袖袍，她們肩膀上還會有披掛著霞帔，表明自己的品級。

漢服攝影教學

圖文 羅小城

一. 構思

在拍照之前，你需要提前構思出漢服寫真的主題，是武俠風、宮廷風還是仙女風。有些小可愛可能想多種風格一起嘗試，但我建議一套片子的風格最多兩種，並且是兩種近似的風格，比如武俠風，你可以拍刀光劍影感覺的照片，也可以拍閑雲野鶴感覺的照片，這樣的兩種風格放在同一套圖裡並不衝突。

◈ 1. 拍攝道具 ◈

　　道具的作用，一是為了完善這張照片的人物設定，比如江湖俠士可以用劍，翩翩公子可以用笛子，大家閨秀可以用團扇，深宮貴人可以用琵琶等，道具一拿上，味道就出來了；二是利用道具來遮掩，因為不是每個人都能達到專業模特的水平，對於拍照時擺姿勢不太熟練的人，道具是一個很好的拍照利器。

❀ 2. 服化 ❀

妝面與造型在漢服攝影裡是非常重要的一步，它們也是決定一張照片好不好看非常關鍵的因素。首先服化需要符合拍攝主題，其次可以在符合主題的情況下加一些小創意進去，可以讓你的照片顯得獨特一些。

攝影構圖是前期必不可少的功課之一，五個簡單實用的攝影構圖方法分享給大家。

◈ 1. 中心構圖 ◈

注意背景的對稱，將人物放在照片中心的位置。這種構圖用於拍全身多一些，可以很好地將人物融入到景色中。

◈ 2. 三分法構圖 ◈

將圖片分成九宮格，人物的眼睛只要在四條線的交叉點附近，畫面就是和諧的。

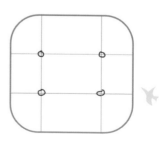

3. 前景虛化

可以拿一些花草樹木或者披帛來做前景，前景虛化可以讓畫面看起來乾淨很多，也可以給畫面增加層次感。

4. 留白

天空、水邊、牆壁是留白最好的構圖地點，只以一個人物為主體，乾淨的背景會提升整張照片的格調。

◈ 5. 大頭 ◈

　　這應該是攝影裡最簡單的構圖法。一般大頭照對五官的要求很高，如果沒有專業模特那種精緻的五官也沒關係，可以通過拍攝角度來解決這個問題。

四　光　線

◈ 1. 順光 ◈

　　順光是攝影中最常運用的光線，也是最不容易出錯的光線，當陽光照在臉的正面，這時候面部是沒有什麼陰影的，可以大膽地進行拍攝，保證每張照片都會好看。

◈ 2. 側光 ◈

　　陽光打在身體的側面，拍攝時可以讓模特將臉稍微面向陽光，沒有陽光的一面會有一些陰影，讓人物有一些明暗關係，使畫面更有意境和層次感。

利用這種光能在人物身上拍出輪廓光，太陽落山前一個半小時是側逆光拍攝最好的時候，這個時候的光線是最柔和的，打在模特身上會使模特更加柔美。

◈ 4. 逆光 ◈

依舊是在太陽快落山前拍攝最好，可以讓人物完全背對著光，注意背景不要曝光過度，否則面部可能會過暗，如果出現這種情況需要通過後期調亮。

明暗對比強烈，人物幾乎全部淹沒在陰影裡，只有人物的輪廓和光源會突顯出來。

五. 後 期

◈ 1. 調色 ◈

首先要在Lightroom裡將照片統一調基礎色，再使用PS修完臉之後進行局部調色。

◈ 2. 修臉 ◈

人像攝影的修圖主要是在臉部，使用液化工具的時候，注意不要把五官或者臉部輪廓拉變形，要在接近本人的基礎上局部微調，不用一味追求大眼睛、高鼻樑、尖下巴。磨皮的時候要注意面部的陰影，如果把本該是暗的地方也磨亮，那樣整張臉就會變得很奇怪。磨皮是一個需要長期鍛煉的技術活兒，時間久了自然會找到門道。

總結：一張好的照片是經過不斷拍攝和調整得來的。只有反覆練習、實踐，才會拍出好的作品。最後，希望大家都能拍出自己滿意的作品。

漢服拍照動作小貼士

P A I   Z H A O

圖文／羅小城

端坐，雙手交叉放於膝蓋。

拿著團扇，端坐看向鏡頭。

伸手去碰花。

看地，這樣裙擺會有好看的線條。

將團扇拿在身體的一側並輕輕往上推，這樣可以帶動裙擺、袖子、披帛都飄動起來。

用袖子擋住一邊臉。

將傘架在肩膀上。

看向扇子。

坐在樹上看遠方。

做一些舞蹈動作。

雅宋美人集

定價 360 元　16.9 x 23.4 cm　208 頁　彩色

風靡大宋的時尚潮流雜誌
《雅宋美人集》火熱上市啦！
看美人、品雅事、玩風俗
帶你一窺宋朝才女賢后斑斕起伏的人生
看煙花女子如何從底層崛起，逆風翻盤
難的不只女性，還有皇帝
快點翻開書一同穿梭時光，品味千年前的人間煙火

宋朝，一個承襲了盛唐豐富的精神與物質文化，卻又因外患所擾，發展出獨特社會風氣的時代。

現在就翻開本書，深入了解宋朝那些你聽過或未曾知道的才女豪傑，讓最平凡、最有人間煙火味的大宋美學，陪你度過一段風雅時光！

唐風美人誌

定價 360 元　16.9 x 23.4 cm　240 頁　彩色

大唐最 in 的時尚潮流雜誌
《唐風美人誌》夢迴號來啦！
集美妝‧八卦‧選秀於一刊
帶你走入唐朝上流才子佳人的藝文圈
吃最新鮮的瓜，看最淒美的愛恨情仇
還有美食美景專欄介紹
千萬不要錯過！

唐朝女子愛梳妝打扮，人人都知，花鈿面靨樣樣來。當然，一般女子如此，傳奇才女更不得了，在愛情上，她們不僅敢於追求，愛了之後更是敢愛敢恨。
一起來聽聽這些美人們如何親口對你說！

瑞昇文化
http://www.rising-books.com.tw

瑞昇文化
粉絲頁

瑞昇文化
Instagram

＊書籍定價以書本封底條碼為準＊
購書優惠服務請洽：
TEL｜02-29453191
Email｜deepblue@rising-books.com.tw

公子世無雙

定價 360 元　16.9 x 23.4 cm　208 頁　彩色

陌上人如玉，公子世無雙
你知道長得帥除了可以為所欲為，還可以流芳百世嗎？
潘安已經成了美男子的代名詞，
戰神蘭陵王更是因為長太美才戴上面具。
傳為中國古代第一「男皇后」的韓子高不僅貌美，還能征戰沙場。
更別提顏值、智商和諸葛亮不相上下，
和好基友孫策站一起就成了「江東雙璧」的周瑜。
男神們不僅能打、有才還寫得一手好字，
快翻開本書，陪男神們一起看遍風起雲湧！

追星可不是現代人的專利，愛美之心人皆有之，喜歡看帥哥美女更是人的天性，而這些有名氣的才子們讓後世人津津樂道的軼事，想必在當時也造成了一番轟動吧！如果用現代人的角度來看，會變成什麼樣子？

君子溫如玉

定價 360 元　16.9 x 23.4 cm　240 頁　彩色

謙謙君子，溫潤如玉
提到古人帥哥，你的腦海裡首先想起了誰？
是電影裡娶了八任老婆還點了秋香的風流才子唐伯虎，
還是周瑜的好基友，人稱「江東小霸王」的孫策？
你聽過余光中寫李白「繡口一吐，就半個盛唐」，
那你知道這位青蓮居士謫仙人的瀟灑值有多高嗎？
屈原、曹植、蘇軾、韓信……
亂世中的男神們不僅有堅定的信仰，
更是文韜武略智勇雙全！
快翻開本書，陪男神們一起度過人生起落！

不要以為古人都一本正經做學問，這些古人不僅長得帥，還一個個都「超
難搞」！

瑞昇文化
http://www.rising-books.com.tw

瑞昇文化
粉絲頁

瑞昇文化
Instagram

＊書籍定價以書本封底條碼為準＊
購書優惠服務請洽：
TEL｜02-29453191
Email｜deepblue@rising-books.com.tw

TITLE

漢風潮流誌

STAFF

出版	瑞昇文化事業股份有限公司
編著	古人很潮

創辦人 / 董事長	駱東墻
CEO / 行銷	陳冠偉
總編輯	郭湘齡
文字編輯	張聿雯　徐承義
美術編輯	謝彥如
校對編輯	于忠勤
國際版權	駱念德　張聿雯

排版	洪伊珊
製版	明宏彩色照相製版有限公司
印刷	龍岡數位文化股份有限公司

法律顧問	立勤國際法律事務所　黃沛聲律師
戶名	瑞昇文化事業股份有限公司
劃撥帳號	19598343
地址	新北市中和區景平路464巷2弄1-4號
電話	(02)2945-3191
傳真	(02)2945-3190
網址	www.rising-books.com.tw
Mail	deepblue@rising-books.com.tw

初版日期	2023年8月
定價	360元

國家圖書館出版品預行編目資料

漢風潮流誌 / 古人很潮編著. -- 初版. --
新北市：瑞昇文化事業股份有限公司,
2023.08
240面 ;16.9X23.4公分
ISBN 978-986-401-647-1(平裝)

1.CST: 服飾 2.CST: 文化史 3.CST: 中國

538.182　　　　　　　112010485

國內著作權保障，請勿翻印 ╱ 如有破損或裝訂錯誤請寄回更換

本著作物經北京時代墨客文化傳媒有限公司代理，由天津漫娛圖書有限公司授權瑞昇文化事業
股份有限公司，出版中文繁體字版本。非經書面同意，不得以任何形式任意重製、轉載。

漫娛图书　文化部部版臺陸字第112101號